하베무스 파팜

Léon XIV. Le successeur inattendu by Christophe Henning
© 2025, Groupe Elidia
Editions Artège
10 rue Mercoeur – 75011 Paris
9 espace Méditerranée – 66000 Perpignan

Korean translation © 2025 Catholic Publishing House

새 시대의 교황, 레오 14세
하베무스 파팜

2025년 8월 28일 교회 인가
2025년 10월 10일 초판 1쇄 펴냄

지은이 · 크리스토프 에닝
옮긴이 · 김상우
펴낸이 · 정순택
펴낸곳 · 가톨릭출판사
편집 겸 인쇄인 · 김대영
편집 · 김지현, 김지영, 박다솜, 허유정
디자인 · 우지수, 강해인, 이경숙, 정호진
마케팅 · 임찬양, 안효진, 황희진, 노가영, 이영실

본사 · 서울특별시 중구 중림로 27
등록 · 1958. 1. 16. 제2-314호
전자우편 · edit@catholicbook.kr
전화 · 1544-1886(대표 번호)
지로번호 · 3000997

ISBN 978-89-321-1977-9 03230

값 18,000원

성경 · 교회 문헌 · 전례문 ⓒ 한국천주교중앙협의회, 2025.

이 책의 한국어 출판권은 (재)천주교서울대교구 가톨릭출판사에 있습니다.
저작권법에 의해 한국 내에서 보호를 받는 저작물이므로 무단 전재와 무단 복제를 금합니다.

가톨릭의 모든 도서와 성물, 디지털 콘텐츠를 '**가톨릭북플러스**'에서 만날 수 있습니다.
https://www.catholicbookplus.kr | (02) 6365-1888(구입문의)

POPE LEO XIV

새 시대의 교황, 레오 14세
하베무스 파팜

크리스토프 에닝 지음 | 김상우 옮김

가톨릭출판사

추천의 글

흔들리는 세상 속에서 교회가 가야 할 길

† 자, 일어나 가자!(요한 14,31)

  교회는 하느님의 섭리 안에서 긴 여정을 이어 왔습니다. 특히 베드로 사도의 후계자를 중심으로 한 보편 교회의 신비는 우리 신앙인들에게 끈끈한 유대감과 굳건한 희망을 선사합니다.
  이번에 가톨릭출판사에서 출간하는 《하베무스 파팜》(새 시대의 교황, 레오 14세)은 2025년 5월 7일과 8일에 거행된 콘클라베의 영적인 순간들을 생생하게 담고 있습니다. '열쇠로 잠긴 방' 안에서 추기경단이 오로지 하느님의 뜻만을 찾기 위해 열렬히 기도하였던 그 순간들, 모두의 예상을 넘어 로버트 프랜시스 프레보스트 추기경님께서 레오 14세라는 이름으로 베드로 사도의 267대 후계자로 선출되는 과정은 성령께서 교회를 통해 일하시는 선명한 표지와 흔적을 얼마나 명확히 남기시는지 여실히 보여 줍니다.

성 베드로 대성전의 발코니에서 "Habemus Papam!"(교황님이 탄생하셨습니다!)이라는 장엄한 외침이 울려 퍼졌을 때, 베드로 광장을 가득 메운 전 세계에서 모여든 순례자들은 기쁨의 눈물과 환호로 화답했습니다. 그 순간은 교회의 머리이신 예수 그리스도께서 당신 백성과 함께 계시며, 성령의 이끄심으로 당신의 교회를 한순간도 놓지 않고 돌보신다는 확신을 주었습니다.

새로운 교황 레오 14세께서 전한 "평화가 여러분 모두와 함께!"라는 첫인사는 폭력과 갈등으로 고통받는 세상에서 교회가 이 시대에 던져야 할 가장 시급하고 절박한 메시지가 무엇인지 깨닫게 합니다. 그뿐만 아니라 시카고에서 페루에 이르는 아메리카 두 대륙에 대한 교황님의 관심, 곧 정체성의 혼란과 가난, 폭력에 시달리는 이들을 향한 연민은 우리 그리스도인들이 품어야 할 가장 기본적이고 본질적인 마음가짐이기도 합니다.

이 책은 프란치스코 교황님의 영적 유산과 더불어, 교회가 직면한 현대적인 도전 과제들, 바로 이주민 문제, 기후 위기, 성소자 수의 급감, 교회 운영 문제, 종교 간 대화, 그리고 교회 내 성폭력 문제와 같은 민감한 사안들을 피하지 않고 다루고 있습니다. 저자는 이러한 난관을 헤쳐 나가기 위해 새 교황님께서 '온유함과 결단력'으로 교회를 이끄셔야 한다고 말합니다. 이와 더불어 '극도로 민감한 영역을 안정시킬 방법을 찾아서 나아가야 한다.'고 통찰합니다. 이것은 하느님의 백성인 우리가 혼란과 고통 속에서도 희망을 잃지 말아야 할 이유이기도 합니다. 그리고 이는 교황님께서 홀로 짊어지실 짐이 아니라 온 교회가 함께 기도하며 동참해야 할 사명일 것입니다.

레오 14세 교황님의 전기 《하베무스 파팜》(새 시대의 교황, 레오 14세) 출간을 온 마음으로 축하하며, 독자들이 이 책을 통해 교황님의 발걸음에 기도와 희생, 봉사로 화답하고, 이 시대에 교회가 직면한 도전들을 함께 극복해 나가기를 빕니다.

2025년 10월
한국천주교주교회의 의장
이용훈 마티아 주교

서문
"성령께서 흔적을 남기셨습니다"

콘클라베에 참여하는 것은 인간적으로나 영적으로나 매우 가치 있는 모험입니다. 그 자리에 모인 우리는 세속화된 21세기에 베드로 사도의 후임자를 찾아야 한다는 막중한 직무를 자연스럽게 깨닫고 있었습니다. 열쇠로 문이 잠긴 그 방[1]에 모인 133명의 추기경단 가운데 새로운 교황이 있었습니다.

콘클라베에 모인 우리는 서로에 대해 아는 바가 거의 없었습니

---

1 '콘클라베Conclave'는 라틴어로 '함께'를 뜻하는 '콘con'과 '열쇠'를 뜻하는 '클라비스clavis'가 결합된 말이다. '열쇠로 문이 잠긴 방'을 의미하며, 교황 선출을 위해 추기경들이 외부와 단절된 채 모여 투표하는 과정을 상징적으로 나타낸다.

다. 크고 작은 계산과 교회에 대한 서로 다른 감수성을 갖고 있었지만, 내일에 대한 희망과 꿈을 품은 채 베드로의 후임자를 찾아야 하는 공동의 임무를 맡았습니다. 물론 성령께서 도와주실 거라고 믿었지만, 어떻게 움직이실지는 알지 못했습니다. 그럼에도 콘클라베를 앞두고 열린 사전 회의와 전체 토론에서 성령께서 추기경단을 이끌어 주셨다고 믿습니다.

신임 교황 선출을 위한 투표 과정에서도 성령께서는 예상치 못한 방식으로 나타나셨습니다. 프레보스트 추기경의 이름이 개표된 투표지에 반복되어 나오더니 점차 이탈리아 로마의 시스티나 경당 전체를 가득 메웠습니다. 프레보스트 추기경은 그때 평화로운 모습으로 눈을 감은 채 기도하고 있었습니다. 마침내 차기 교황으로 선출된 그분은 교황직을 받아들였습니다. 레오 14세라는 이름으로 베드로 사도의 제267대 후임자가 된 것입니다.

오늘 이처럼 명백하게 드러난 프레보스트 추기경의 자질을 우리는 왜 진작에 알아차리지 못했을까요? 그분은 신중하고 세심하며, 다른 이에게 자신의 뜻을 억지로 강요하지도 않았습니다. 자신을 드러내지 않았지만, 말과 행동을 통하여 권위와 친절함을 자연스럽게 발산하는 분이었습니다.

투표에 대한 지침이나 협상, 논의도 없이 갑작스럽게 일어난 일이었습니다. 그 누구도 예상할 수 없었습니다. 그러나 성령께서는 흔적을 남기셨고, 이 흔적은 우리 마음에 신뢰와 확신이 가득한 기쁨을 주었습니다. 이는 확실한 표지였습니다. 이 환희는 로마 성 베드로 광장에 불을 지폈고, 사람들에게 옮겨붙었습니다. 이처럼 확신에 찬 기쁨은 모든 것을 위해, 그리고 아주 작은 것을 위해 헌신한 우리 선거인 추기경단을 향한 감사로 표출되었습니다.

때때로 약함과 비천함으로 드러날지라도, 오늘날까지 여전히 은총의 빛을 비추는 교회의 신비는 참으로 아름답습니다.

† 추기경 장 폴 베스코 Card. Jean-Paul Vesco

들어가는 말

우리 시대의 교황

"새 교황은 레오 14세이십니다!"

모두가 놀랄 정도로 빠르게 진행된 콘클라베가 끝나고, 드디어 2025년 5월 8일, 로버트 프랜시스 프레보스트Robert Francis Prevost 추기경이 제267대 교황으로 선출되었다. 만장일치에 가까운 '경이로운 득표수'였다고 전해진다. 레오 14세 교황이 이렇게 높은 지지를 받았다는 것은 132명의 추기경단이 그분을 얼마나 신뢰했는지 여실히 보여 준다.

그분은 사목자로서 신중함과 더불어 우리 시대가 절실히 필요로 하는 기도와 경청의 모범을 보여 주는 인물이다. 또한 그분이 걸어온 길은 시카고에서 페루에 이르기까지 아메리카 두 대륙을 잇는 가교와 같다. 새 교황은 정체성의 혼란과 무관심에 잠겨 있는 북아메리카와, 가난과 폭력으로 고통받는 남아메리카를 걱정하는 사목자 중에 한 사람이다.

레오 14세는 평화의 교황이라 불릴 만하다. 성 베드로 광장에 처음 모습을 드러냈을 때부터 '평화'라는 단어를 여러 차례 사용했다. 이는 무력 분쟁으로 온 지구가 피 흘리며 신음하는 현세대에 평화가 새 교황의 가장 큰 관심사이자 소명임을 명확히 보여 준다. 물론 앞으로 이주민 문제, 기후 위기, 성소자 수의 급감, 교회 운영 문제, 종교 간 대화와 같은 중차대한 사안들을 다루어야 할 때가 올 것이다. 하지만 레오 14세 교황은 무엇보다 먼저 자신의 양들에게 "평화가 여러분 모두와 함께!"라고 말을 건네는 목자가 되고자 한다. 새 교황이 간절히 바라는 평화는 그분 교황직의 핵심이 될 것이다. 이 평화는 이 시대에 갈라지고 상처 입은 교회의 일치와 통합을 지향하며, 나아가 고통받는 세상을 그리스도의 사랑으로 감싸 안으려는 그분의 깊은 염원이 담겨 있다.

이 책에서는 교황이 선출된 후 첫 모습과 앞으로 그분의 행보에 관해서 이야기하고자 한다. 이는 눈앞에 놓인 여러 도전 과제와 장애물을 부정하지 않으면서도, 앞으로 교황직을 어떻게 이끌어 나갈지에 대한 신호탄이자 스냅숏Snapshot이 될 것이다.

레오 14세 교황의 가장 큰 강점은 69세라는 비교적 젊은 나이에 베드로 사도의 배, 바로 가톨릭교회를 이끌 수 있는 권한을 받았다는 데 있다. 게다가 주교로서 현지 사목, 수도자 성소, 그리고 보편 교회를 위해 봉사한 경험을 가지고 있다. 이와 같은 풍부한 경험은 가난한 이들에게 더욱 가까이 다가가면서 '시노드적'이고 '선교적'이며 '복음적'인 교회로 이끄는 데 큰 도움이 될 것이다.

차례

추천의 글   5
서문   8
들어가는 말   11

I   하베무스 파팜

1장 · 새 교황의 탄생   19
2장 · 미국인 레오 14세 교황   31
3장 · 세상을 위한 발걸음   47
4장 · 여전히 중요한 일곱 추기경   60

II   새 교황의 시대 개막

5장 · 프란치스코 교황의 마지막 순간들   79
6장 · 역사가 가르쳐 준 교훈   90
7장 · 전 세계에서 모인 추기경단   99
8장 · 매우 비밀스러운 콘클라베   111

III 교회가 직면한 도전 과제

9장 · 베르골료 교황의 유산   123
10장 · 레오 14세의 열두 가지 임무   134
11장 · 레오 14세의 여섯 가지 도전 과제   160
12장 · 새 교황의 온유한 카리스마   176

나가는 말   191
레오 14세 교황의 이력   194
참고 문헌   196
역자 후기   197

I
하베무스 파팜

1장

새 교황의 탄생

"저는 여러분께 큰 기쁨을 알려 드립니다.

Habemus Papam![2] 교황님께서 선출되셨습니다."

도미니크 맘베르티Dominique Mamberti 수석 부제급 추기경이 성 베드로 대성전 발코니에서 새 교황의 이름을 발표했다. 새로 선출된 교황의 이름이 전해지기까지 전 세계 가톨릭 신자들 사이에는 긴장감이 감돌았다. 새 교황의 이름은 '로베르툼 프란치스쿰, 카

---

[2] 라틴어 '하베무스 파팜Habemus Papam'을 직역하면 "우리는 교황님을 모시고 있습니다."가 된다. 이는 새 교황이 선출되었음을 공식적으로 알리는 전통적인 표현이며, 우리말로는 "교황님께서 선출되셨습니다."라고 옮길 수 있다.

르디날렘 프레보스트Robertum Franciscum, Cardinalem Prevost', 바로 로버트 프랜시스 프레보스트 추기경이었다. 이어서 새 교황이 선택한 '레오 14세'라는 교황명도 발표되었다.

2025년 5월 8일 목요일 오후 6시 8분, 시스티나 경당 지붕에서 흰 연기가 피어오르자 성 베드로 광장에는 종소리가 울려 퍼지는 속도만큼이나 빠르게 사람들이 모여들었다. 대성전 발코니에서 예식이 진행되려면 한 시간 정도 더 기다려야 했다. 새 교황이 대중 앞에 모습을 드러내기 전, 추기경단은 시스티나 경당 안쪽에서 그분께 인사하고 순명을 서약했다. 그리고 첫 번째 우르비 엣 오르비Urbi et Orbi[3], 교황 강복 전에 교회와 세상에 전하고 싶은 메시지를 준비했다.

뜨거운 태양 아래에서도 신자들은 기쁨에 넘쳐 새 교황을 만날 감격의 순간을 기다렸다. 그의 이름이 발표되기 전부터 군중 사이에서는 함성이 터져 나왔다. 여러 국기와 함께 미국 성조기도 휘날렸다. 하지만 그 성조기를 든 청년 순례자는 자신이 만끽하게 될 더 큰 기쁨을 아직 알지 못했을 것이다.

네 차례에 걸친 투표와 24시간이 조금 넘는 콘클라베 끝에, 교

---

3 라틴어 '우르비 엣 오르비Urbi et Orbi'는 '도시와 전 세계에' 또는 '로마와 온 세상에'라는 뜻이다. 이는 가톨릭교회의 교황이 특별한 축일이나 공적인 자리에서 전 세계 모든 이들에게 평화와 은총을 빌어 주는 사도적 강복이며, '교황 강복'이라고도 부른다.

황 역사상 처음으로 미국인 교황이 선출되었다. 70개국이 참가한 이번 콘클라베에서 국적은 새 교황을 선출하는 데 중요한 기준이 되지 못했다. 이는 유권자 추기경단이 콘클라베에 들어가기 전 국적을 고려하지 않고 다른 요소로 신임 교황을 선출하겠다고 언급한 것과 일치했다. 더군다나 '좋은 교황'이 될 적법한 후보자는 전혀 부족하지 않은 상태였다.

69세의 로버트 프랜시스 프레보스트 추기경은 예상보다 빠르게 교황으로 선택되었다. 그는 성 아우구스티노 수도회 소속이며, 당시까지 교황청 주교부 장관직을 맡고 있었다. 대중에게 덜 알려진 조용한 인물이었지만, 그의 명료함과 차분함은 콘클라베 사전 회의에서 좋은 인상을 남겼을 것이다.

오후 7시 23분, 새 교황은 감격한 모습으로 발코니에 섰다. 애써 눈물을 감추며 광장에 모인 사람들에게 손을 흔들었다.

"형제자매 여러분, 평화가 여러분 모두와 함께!"

새 교황의 첫마디는 교황직의 방향성을 아주 잘 드러냈다.

"이것은 부활하신 그리스도의 첫인사입니다."

잘 준비된 연설문은 복음서에 근거한 이야기들로 채워져 있었다. 특히 '평화'라는 단어가 여러 번 등장했는데, 이는 수도자이자 선교사인 새 교황이 세상에 전하고자 하는 메시지였다.

"저 또한 이 평화가 여러분의 마음에 스며들어 가정에, 세상 모든 이와 모든 민족에, 그리고 온 지구에 전해지기를 진심으로 바랍니다. 평화가 여러분과 함께!"

인류에게 상처를 입히는 여러 분쟁을 언급하기에 앞서 나온 새 교황의 첫 마디는 우직함simplicité과 영적 차원을 담고 있었다. 교황은 "악은 승리하지 못할 것입니다."라고 덧붙였다.

레오 14세 교황은 선출 직후 모제타와 베드로 사도와 바오로 사도의 영대를 전례복으로 착용했다. 이는 베네딕토 16세 교황과 같았지만, 2013년 흰색 수단만 걸쳤던 프란치스코 교황의 첫 모습과는 사뭇 달랐다. 그러나 레오 14세 교황은 전임자를 향해 가슴 떨리는 경의 또한 잊지 않았다. 비록 전임자의 방식을 그대로 답습하지는 않더라도, 프란치스코 교황의 개방성만큼은 유산처럼 계승할 것이라고 짐작할 수 있었다. 교황 선출 직후 그분은 복받쳐 오르는 감정을 가녀린 안경 뒤로 가라앉힌 채 평화로운 미소를 머금고 있었다. 그리고 전임 교황을 추모했다.

"로마를 축복하시던 프란치스코 교황님의 나지막하지만, 용기 있는 목소리가 귓가에 맴도는 듯합니다. 이번 주님 부활 대축일 아침, 프란치스코 교황님께서는 로마와 온 세상에 축복을 전하셨습니다."

---

4 '모제타Mozeta'는 가톨릭교회의 고위 성직자들이 수단 위에 입는 짧은 망토를 가리킨다.

불과 며칠 전인 2025년 4월 20일 주님 부활 대축일, 임종 전날에 프란치스코 교황이 마지막 강복을 주었던 바로 그 발코니에서, 레오 14세 교황은 전임자의 유산과 같은 말씀을 이어 전했다.

"대화와 만남을 통하여 서로 도울 수 있도록 다리를 놓음으로써, 모두 하나 되어 평화로운 한 백성을 이루어 주십시오."

레오 14세 교황은 자신이 새 교황으로 선출된 것을 교회에 봉사하기 위한 것으로 받아들였다. 이를 위해 아우구스티노 성인의 말을 인용했다.

"저는 여러분과 같은 그리스도인이자 동시에 여러분을 위한 주교입니다."

로마의 주교인 새 교황은 특별히 이탈리아 교우들에게 말을 건넸고, 이어서 페루 치클라요Chiclayo교구에 대한 각별한 애정을 스페인어로 표현했다. 이는 레오 14세 교황에게 치클라요교구가 '믿음 깊은 백성이 주교와 동행하며 신앙을 공유하고 많은 것을 베풀었던 곳'을 의미하기 때문이었다.

새 교황의 첫 연설은 성모 마리아께 바치는 기도로 마무리되었다. 이는 레오 13세 교황이 요청한 대로, 일 년에 두 번인 5월 8일과 10월 첫째 주일에 폼페이의 성모님을 향한 특별한 신심과 기도를 떠올리게 했다. 19세기의 교황 레오 13세는 묵주기도에 관한 첫 회칙(1883)[5]에서 당시의 사회악에 대항하도록 영적으로 헌신할 것을 그리스도인들에게 촉구했다. 그때부터 수천 명가량의 순례자들은 바르톨로 롱고Bartolo Longo(1841-1926)가 설립한 성모 성지로 모여들었다. 한때 반성직주의자였으며, 강신술降神術에 심취했던 이 젊은 이탈리아 변호사는 긴 회심의 과정을 거친 다음 30세가 되어 교회의 품으로 돌아왔다. 도미니코 수도회 제3회에 속한 롱고는 이제 막 신앙생활을 시작했지만, 묵주기도를 전파하는 데 발 벗고 나섰다.

1872년 10월 2일, 롱고는 폼페이 어느 들판에서 성모님의 신비로운 발현을 목격했다. 이 발현을 통해 성모님은 "묵주기도를 널리 퍼뜨리면 구원받을 것이다."라고 말했다고 전해진다. 끊임없이 노력한 끝에, 바르톨로 롱고는 묵주기도의 성모 성지 건립에 착수했고, 1883년에는 '폼페이의 거룩한 묵주기도의 모후이시여'라는 기도문을 완성했다.

"마리아님,

당신이 앉아 계신 인자하심의 옥좌에서

---

5   이 회칙은 1883년 9월 1일 반포된 〈최고 사도직 *Supremi Apostolatus Officio*〉이다. 이 회칙을 통해 10월을 묵주기도 성월로 지정하고, 전 세계 그리스도인들이 묵주기도를 바쳐 사회의 악을 물리치고 하느님의 은총을 얻도록 권고했다.

저희와 저희 가족, 이탈리아와 유럽,
세상을 불쌍히 여겨 굽어보소서.
저희의 삶을 슬프게 하는
고통과 괴로움을 가련히 여기소서.
마리아님,
저희 영혼과 육체에 얼마나 많은 위험이 도사리는지
저희가 얼마나 많은 불행과
고뇌에 맞서야 하는지 살펴주소서."

이것은 19세기 문체이지만, 현시대에도 큰 울림을 준다.

"오늘 우리는 혼란에 빠진 국가들과 유럽 전체,
온 세상을 위하여 당신께 청합니다.
그들이 회개하여 당신 성심으로 돌아오게 하소서."

레오 14세 교황이 언급한 이 성모 신심은 오늘날에도 여전히 유효하다. 2025년 2월 24일, 프란치스코 교황이 위독한 상태로 로마 제멜리Gemelli 병원에 입원했을 때 바르톨로 롱고의 시성 절차에 서명했다고 한다. 그러나 당시 교황청 주교부 장관이었던 프레보스트 추기경은 이 사실을 알지 못했을 것이다.

레오 14세라는 교황명을 선택한 로버트 프랜시스 프레보스트 신임 교황은 레오 13세 교황의 발자취를 따를 것으로 보인다. 1878년 2월 20일, 제256대 교황으로 67세의 빈첸초 조아키노 페치Vincenzo Gioacchino Pecci(1810-1903) 추기경이 선출되었다. 이때부터 레오 13세 교황의 25년이 넘는 긴 재위 기간이 시작되었다. 산업 혁명으로 특징지어진 이 시기는 레오 14세 교황이 언급한 오늘날의 디지털 혁명과 견주어 볼 만하다. 레오 13세 교황은 임기 중에 회칙을 86개나 반포했다. 그중에서도 특히 1891년에 반포한 회칙 〈새로운 사태Rerum Novarum〉는 사회 정의와 인간 존엄성을 강조하며 교회의 가르침을 정의하는 데 이바지했다.

한편 2025년 5월 10일에 개최된 추기경단과의 첫 만남에서 신임 레오 14세 교황은 교황명 선택 이유를 밝혔다.

"레오 13세 교황님께서는 역사적 회칙 〈새로운 사태〉를 통해 제1차 산업 혁명이라는 맥락에서 사회 문제를 다루셨습니다. 오늘날 교회는 새로운 도전을 제기하는 또 다른 산업 혁명과 인공지능의 발전에 응답하며, 인간 존엄성, 정의와 노동의 가치를 수호하기 위해 모든 이에게 사회교리의 유산을 제시합니다."

"평화가 여러분 모두와 함께!"

2025년 5월 8일 목요일, 성 베드로 광장에서
레오 14세 교황의 첫 번째 교황 강복.

친애하는 형제자매 여러분,

부활하신 그리스도께서 우리에게 건네신 첫인사는 바로 평화입니다. 착한 목자이신 그분께서는 하느님의 양 떼를 위하여 기꺼이 당신 목숨을 내어 주셨습니다. 저 또한 이 평화가 여러분의 마음에 스며들어 가정에, 세상 모든 이와 모든 민족에, 그리고 온 지구에 전해지기를 진심으로 바랍니다. 평화가 여러분과 함께!

이는 스스로 무기를 버리고 상대방도 그렇게 하도록 이끄는 평화, 겸손하고 인내하는 평화입니다. 이 평화는 우리 모두를 조건 없이 사랑하시는 하느님께로부터 옵니다. 로마를 축복하시던 프란치스코 교황님의 나지막하지만, 용기 있는 목소리가 귓가에 맴도는 듯합니다.

이번 주님 부활 대축일 아침, 프란치스코 교황님께서는 로마와 온 세상에 축복을 전하셨습니다. 저 역시 그 축복을 여러분께 전합니다. 하느님께서는 우리를 사랑하십니다. 하느님께서는 여러분 모두를 사랑하시니, 악은 결코 승리할 수 없습니다.

우리는 모두 하느님의 손길 안에 머물러 있습니다. 그러니 두려워 말고 함께 손을 맞잡고 하느님께로 나아갑시다. 우리는 그리스도의 제자들입니다. 그리스도께서는 언제나 우리보다 앞서 걸으십니다. 세상에는 그리스도의 빛이, 인류에게는 그리스도가 필요합니다. 그리스도는 마치 하느님과 그분의 사랑을 잇는 다리와 같습니다. 대화와 만남을 통하여 서로 도울 수 있도록 다리를 놓음으로써, 모두 하나 되어 평화로운 한 백성을 이루어 주십시오.

하느님의 계획을 이룰 수 있도록 이끌어 주시는 프란치스코 교황님께 감사드립니다. 아울러 저를 베드로의 후임자로 간택해 주신 모든 동료 추기경에게도 감사드립니다. 저는 항상 정의와 평화를 추구하며 예수 그리스도께 충실한 자녀로서 언제나 하나 된 교회 안에서 여러분과 함께 걷고자 합니다. 또한 두려움 없이 복음을 선포하는 선교사가 되겠습니다.

저는 성 아우구스티노 수도회 소속으로서 아우구스티노 성인의 아들입니다. 성인은 "저는 여러분과 같은 그리스도인이자 동시에 여러분을 위한 주교입니다."라고 말씀하셨습니다. 그런 의미에서 우리는 모두 하느님께서 우리를 위해 마련하신 본향本鄕을 향해 다 함께 걸어갈 수 있습니다.

그리고 로마 교회에 특별한 인사를 전하고 싶습니다. 우리가 선교하는 교회, 다리를 놓고 대화하며 늘 환대하는 교회, 마치 이곳 성 베드로 광장에서처럼 모든 이를 반갑게 맞이하는 교회가 되기 위해 다 같이 길을 모색해야 합니다. 우리의 선행과 존재, 사랑의 대화가 필요한 모든 이들을 위해서 말입니다.

(스페인어로) 여러분이 허락해 주신다면, 특히 제가 사랑하는 페루 치클라요교구에 인사를 전하고 싶습니다. 이 교구는 믿음 깊은 백성이 주교와 동행하며 신앙을 공유하고 많은 것을 베풀었던 곳입니다. 또한, 예수 그리스도께 충실한 교회로 계속 남아 있기 위하여 많은 것을 봉헌하였습니다.

(이탈리아어로) 로마, 이탈리아, 그리고 전 세계에서 온 모든 형제자매 여러분, 우리는 시노드적 교회, 순례하는 교회, 언제나 평화와 선행을 추구하는 교회가 되기를 희망합니다. 특별히 고통받는 이들에게 늘 가까이 다가가는 교회가 되기를 원합니다.

오늘은 폼페이의 성모님께 기도드리는 날입니다. 우리의 어머니 마리아께서는 우리와 함께 걸으시며 우리 곁에 머물기를 바라십니다. 또한, 당신의 전구와 사랑으로 우리를 도와주시기를 바라십니다.

그래서 저는 여러분과 함께 기도하고자 합니다. 이 새로운 직무를 위하여, 온 교회를 위하여, 그리고 세상의 평화를 위하여 모두 함께 기도합시다. 우리의 어머니이신 마리아께 특별한 은총을 청합시다.

은총이 가득하신 마리아님, 기뻐하소서!
주님께서 함께 계시니 여인 중에 복되시며
태중의 아들 예수님 또한 복되시나이다.
천주의 성모 마리아님,
이제와 저희 죽을 때에 저희 죄인을 위하여 빌어주소서. 아멘.

2025년 5월 8일, 성 베드로 광장에서
레오 14세 교황

2장

미국인 레오 14세 교황

미국인 레오 14세 교황의 전기傳記는 무척 인상적이다. 그는 눈에 잘 띄지 않는 곳에서 사목자와 교회 전문가로서 다채로운 경험을 쌓으며 교회를 위해 헌신했다.

프랑스식 이름에서 그의 조상이 어떤 분들이었는지 짐작할 수 있다. 친할머니인 수잔 퐁텐Suzanne Fontaine은 1894년 2월 2일 프랑스 르 아브르Le Havre에서 제빵사의 딸로 태어났다. 그녀는 미국으로 이주한 뒤 1979년 디트로이트에서 생을 마감했다.

한편, 로버트 프랜시스 프레보스트는 1955년 9월 14일 미국 일리노이주 시카고에서 태어났다. 그의 아버지는 프랑스와 이탈리아계였고 어머니는 스페인계였다. 제2차 세계대전 직후 프레보스트 가족은 시카고 남부 노동자 계급 거주지인 사우스 사이드South Side에서 살았고, 1949년에 벽돌로 지은 새집을 마련했다. 로버트 프랜시스 프레보스트의 둘째 형인 존 조셉 프레보스트가 미국 언론과의 인터뷰에서 가족에 대한 이야기를 다음과 같이 전했다.

"우리는 평범한 아이들이었어요. 아침마다 누군가 방문을 두드리며 나가 놀자고 하면, 함께 나가 야구를 하곤 했지요. 이웃집 수영장에 수영하러 가기도 했고요. 어릴 적에는 기차를 타고 시내에 나가기도 했답니다. 중학교에 입학한 후 동생이 가장 좋아했던 취미는 운전이었는데, 운전대 잡는 것을 무척 좋아했어요."

프레보스트 가문의 삼 형제는 모두 성 아우구스티노 수도회에서 운영하는 중학교에서 공부했다. 열네 살이던 로버트는 자연스럽게 이 수도회에서 운영하는 소신학교에 입학하게 되었고, 이것은 그의 인생에 큰 영향을 끼쳤다.

"로버트는 중학교 졸업 후 집을 떠나 곧바로 미시간 신학교에 들어갔어요. 그래서 집에서 머문 시간이 그렇게 길지는 않았어요. 고등학교와 대학교 시절 여름 방학이나 성탄 방학 때에만 집에 들렀을 뿐, 이후 그가 속한 곳으로 돌아가야 했습니다."

로버트는 스스로 성 아우구스티노 수도회를 선택했다. 신임 교황으로 선출된 당일 저녁, 성 베드로 대성전 발코니에 처음으로 모습을 드러내며 "저는 아우구스티노 성인의 아들입니다."라고 이야기한 이유일 것이다.

학창 시절 로버트와 같은 반이었던 한 친구는 〈시카고 선 타임즈Chicago Sun Times〉에 "사춘기 시절 로버트는 이미 무엇을 하고 싶고 어디로 가고 싶은지 알고 있었던 것 같아요."라며 과거를 회상했다. 또 세인트 메리St. Mary 초등학교에 다녔던 다른 친구는 "이 길이 로버트의 진로가 될 것이라는 사실을 어린 시절에도 분명히 알았어요."라고 증언했다. 어린 시절부터 로버트에게 사제직이란 이미 정해진 여정 곧 성소와 같았다. 로버트 프랜시스 프레보스트가 걸어온 길을 잊지 않고 있던 동네 친구가 말을 이어 갔다.

"사제직이요? 물론 우리 가운데 몇몇은 그 생각을 했었죠. 우리 같은 청년들 대부분에게 사제가 된다는 것은 그저 환상이었지만, 로버트에게는 참다운 성소였어요. 그리고 사춘기 시절 그는 이미 무엇을 하고 싶고 어디로 가고 싶은지 알고 있었던 것 같아요."

새 교황의 형은 어린 시절부터 동생이 성소자의 길을 꿈꾸었다고 지난날을 추억했다.

"전쟁놀이를 좋아했던 아이들은 군인이 되고 싶었을 겁니다. 로버트는 신부님 역할을 원했어요. 우리는 어머니의 다리미판을 식탁보로 덮고 미사를 드리며 놀았어요. '미사 놀이'였던 거죠. 로버트는 라틴어와 영어로 된 기도문을 잘 알고 있었고 암송도 했어요. 신부님 역할을 매우 진중하게 받아들였습니다."

로버트 프레보스트의 친구들은 1970년대 시카고 최남단 성모승천본당에서 프레보스트 가족과 얽힌 일화를 몇 가지 떠올렸다. 아버지 루이스 마리우스Louis Marius, 어머니 밀드레드 마르티네즈Mildred Martinez, 큰형 루이스 마틴Louis Martin, 작은형 존 조셉John Joseph, 그리고 막내 로버트 프랜시스를 포함한 프레보스트 가족은 성모승천본당의 헌신적인 구성원이었다.

학교 선생님이었던 아버지는 제2차 세계대전 중 지중해 연안에서 미 해군 중위로 복무했다. 어머니는 도서관 사서였고, 자매들 중 두 명이 수녀라고 전해졌다. 본당 교우들은 어머니 밀드레드를 다정한 애칭인 '밀리'로 기억했다. 그들은 밀리가 본당이 잘 운영되도록 봉사하며 학교 도서관에서도 자신의 자리를 굳건히 지키는 사람이었다고 전했다. 또한, 그녀는 성가대 일원이자 묵주기도회 회장을 역임하기도 했다. 지역 신문 기사에는 마리안 안가롤라의 인터뷰가 실렸는데, 그는 "밀드레드는 '교회의 부인'이라 불리는 여성 중 한 명이었지요. 미사에 매일 참례하고 제대와 제의방을 비롯한 성당을 청소했어요."라고 말했다.

로버트 프랜시스 프레보스트는 펜실베이니아주 필라델피아에 있는 명문 가톨릭대학교 빌라노바Villanova에서 수학을 전공하고 시카고에서 신학을 공부했다. 교구 사제 성소를 진지하게 고민하다가, 중학교와 본당에서 만났던 수도자들을 잊지 못하고 1977년 9월 1일 스물두 살의 나이로 성 아우구스티노 수도회에 입회했다. 이듬해인 1978년 9월 2일 첫 서원을 했고, 1981년 8월 29일에 종신 서원을 했다.

히포의 주교 아우구스티노 성인의 규칙을 따르던 탁발 수도회 계통의 성 아우구스티노 수도회는 13세기에 이르러 정식으로 설립되었다. 이 수도자들은 실제로 은수자들처럼 살았다. 그러다가 인노첸시오 4세(1180-1254) 교황에게 아우구스티노 성인의 규칙대로 살 수 있도록 허락해 달라고 공식적으로 청했다.

성 아우구스티노 수도회는 프랑스에 거의 알려지지 않았으며, 1789년 프랑스 혁명을 기점으로 완전히 자취를 감추어 버렸다. 이 수도회는 최근 수십 년에 걸쳐 유럽의 여러 나라와 남미 등지에 널리 퍼지고 있다.[6] 성 아우구스티노 수도회는 역설적이지만 종교적인 헌신보다 식물학 분야의 업적으로 인류 역사에 기억되고 있다. 오스트리아의 그레고르 멘델Gregor Mendel(1822-1884)과 그의 유전학적 발견이 그 예다.

로버트 프랜시스 프레보스트 수사는 성 아우구스티노 수도회 역사에서 영감을 받아 자신의 성소와 수도회에 대한 신뢰를 굳건

---

6 성 아우구스티노 수도회는 인천교구 초대교구장 나길모 굴리엘모William J. Mc-Naughton 주교의 요청으로 1983년 대한민국에 진출했다.

히 다졌다. 그는 로마에 있는 도미니코 수도회 소속 교황청립 성 토마스아퀴나스대학교 안젤리쿰Angelicum에서 신학 과정을 이수했다. 그리고 1987년에는 〈성 아우구스티노 수도회 지역 장상의 역할〉이라는 논문으로 교회법 박사 학위를 받았다. 훗날 프레보스트 수사가 성 아우구스티노 수도회에서 중요한 직책을 맡았을 때, 논문에서 했던 신학적인 성찰과 고뇌를 현실에서 충분히 실현할 수 있음을 의미했다.

젊은 로버트 수사는 학업 때문에 1982년 6월 19일에야 로마에서 사제 서품을 받았다. 당시 교황청 비그리스도인부[7] 장관과 미국 교황대사 대표를 역임한 벨기에 출신 장 자도Jean Jadot 대주교가 프레보스트 수사에게 사제품을 주었다.

1985년, 로버트 프레보스트 신부는 미국인 새 사제로서 페루의 선교사로 첫 발령을 받았다. 비록 출루카나스Chulucanas에서 지역 성직자 책임 직무를 맡았지만, 그곳 교우들과 가난한 이들과 나누었던 첫 사목 경험은 깊은 인상을 남겼다.

1987년, 미국으로 돌아가 시카고 관구에서 성소와 선교 책임자로 봉사했다. 그러나 머지않아 다시 페루로 돌아갔고, 10여 년 동안 태평양 연안의 트루히요Trujillo에서 교회법 교수, 교구 법원 판

---

7 교황청 '비그리스도인부Secretariat for Non-Christians'는 오늘날 '종교간대화부Dicastery for Interreligious Dialogue'로 명칭이 변경되었다.

사, 신학원 학장 등 다양한 직무를 수행했다. 교육, 양성, 재정 업무뿐만 아니라, 도시 외곽의 가난한 본당에서 사목자 역할까지 마다하지 않았다.

1999년 시카고로 돌아온 그는 '착한 의견의 성모'라 불리는 중서부 지역 성 아우구스티노 수도회 관구장 소임을 맡았다. 그리고 몇 년 후 그에게 맡겨진 책임은 지역을 넘어 세계로 확장되었다. 2001년 9월 14일, 성 아우구스티노 수도회 총회에서 프레보스트 신부가 수도회 총원장으로 선출되었기 때문이다. 선거는 단 20분 만에 끝났다. 수도회 역사상 가장 짧은 선거였다고 한다.

총원장 임기를 두 차례 마친 로버트 신부는 2013년 10월, 시카고의 성 아우구스티노 수도회 연구 책임자로서 교수직에 복귀했다. 하지만 학술 활동은 곧 중단되었다. 더 많은 사목적 책임을 맡게 되었기 때문이다.

2014년 11월, 프란치스코 교황은 공석이던 페루의 치클라요교구장 서리로 로버트 신부를 임명하고, 동시에 북아프리카 수파르 Sufar교구의 명의 주교 직함을 부여했다. 당시 페루 주재 교황대사이자 미국 국적의 제임스 패트릭 그린James Patrick Green 주교가 로버트 프랜시스 프레보스트 신부의 주교 서품식을 주례했다.

주교가 된 프레보스트는 '그리스도 안에서 우리는 하나' 또는 '한 분이신 그리스도 안에서 하나'를 뜻하는 'In Illo Uno Unum'

을 사목 표어로 정했다. 이는 아우구스티노 성인의 시편 127장 주석에서 발췌한 것이다. 라틴어 원문은 'Sed et nos multi in illo uno unum'인데, 우리말로 옮기면 '우리는 그리스도 안에서 하나'이다.

몇 달 동안 교구장 서리 직무를 수행하던 프레보스트 주교는 2015년 9월 26일, 치클라요교구장으로 임명되었다. 그리고 같은 해에 페루 시민권까지 취득했다. 3년 뒤에는 형제 주교단의 지지를 받아 페루 주교회의 부의장으로 선출되었다.

2018년 1월, 칠레와 페루를 사목 방문 중이던 프란치스코 교황은 온유하고 잘 준비된 사목 현장의 전문가인 프레보스트 주교를 눈여겨보았다. 그때가 바로 프란치스코 교황과 훗날 그분의 후임자가 될 레오 14세 교황의 첫 만남이었다.

페루의 프레보스트 주교는 얼마 후 교회의 중앙 관리 업무에도 참여했다. 2019년 7월에는 교황청 성직자부 위원으로, 2020년에는 교황청 주교부 장관으로 임명되었기 때문이었다. 2021년 3월 1일, 페루교구장을 역임한 프레보스트 주교는 아르헨티나 출신인 프란치스코 교황을 비공식으로 알현하게 되었다.

2022년 4월 13일, 〈엑스프레시옹 *Expression*〉의 기사에 따르면 로버트 주교는 '우정의 수도' 치클라요교구민들에게 강연을 한 적이 있었다. 주님 부활 대축일을 며칠 앞둔 그때에도 평화를 거듭 강조했는데, 이는 몇 년 뒤 신임 교황으로 선출된 후 로마 성 베드로 대성전 발코니에서 할 첫 연설과도 같았다.

"주님 부활 대축일의 메시지는 그 어느 때보다 의미심장하게 다가옵니다. 부활하신 그리스도께서 부활 주일 저녁에 사도들을 만나 하신 첫 말씀은 '평화가 너희와 함께!'였습니다. 이 인사는 단순한 소원을 넘어서는 예수 그리스도의 선물입니다. 고난과 죽음을 겪고 부활하신 예수 그리스도께서는 사도들에게 하느님의 선물인 평화를 받으라고 당부하십니다. 십자가 위 그리스도의 희생은 화해와 평화의 길, 비단 하느님과의 화해뿐 아니라 형제자매들과의 화해의 길을 열어 줍니다. 참된 평화를 이루기 위해 우리는 모든 면에서 적극적으로 수용하며 협력할 줄 알아야 합니다. …… 소수가 아닌 모든 사람에게 유익하고 바른 결정을 내리도록 당국 간의 대화와 협력을 모색하는 것 역시 매우 중요합니다."

2022년, 로버트 프랜시스 프레보스트 주교는 페루의 공공 생활에 관해서도 언급했다.

"정·재계 인사들도 하느님께서 주시는 평화를 드러내도록 함께 노력하고 일할 것을 권고합니다. 그런 의미에서 그리스도의 부활이 주는 선물, 즉 주님 부활 대축일의 평화를 모두 함께 나눕시다. 이 시대의 가장 위대한 선물인 신앙은 우리가 기꺼이 그리스도의 뜻대로 살아가려고 노력하고 준비할 때 비로소 얻을 수 있습니다. 그 선물이 바로 평화입니다."

프레보스트 주교는 프란치스코 교황에게 자신의 의중을 있는 그대로 말한 적이 있었다. 언젠가 그분이 자신을 로마로 부를 것이라 예감했던 것 같다.

"교황님께서 아시다시피 저는 페루에서 무척 행복하게 지냅니다. 저를 다른 곳에 임명하시든, 제가 있는 곳에서 그대로 소임을 주시든 저는 행복할 것입니다. 만약 교회가 저에게 새로운 소임을 맡긴다면 저는 기꺼이 수락하겠습니다."

교황청 주교부 신임 장관으로 임명된 프레보스트 주교는 교회를 위해 봉사하는 것만으로도 기쁨을 느꼈다. 하지만 그가 주교부 장관직을 수락한 것이 페루교구민들을 그리워하지 않는다는 뜻은 아니었을 것이다.

2023년 5월, 바티칸 뉴스Vatican News 안드레아 토르니엘리Andrea Tornielli 기자와의 인터뷰에서 프레보스트 주교는 이렇게 말했다.

"저는 여전히 제가 선교사라고 생각합니다. 모든 그리스도인의 소명과 마찬가지로 저의 소명 또한 선교사가 되어 어디서든 복음을 선포하는 것입니다. 이제는 로마에서 교황을 모시고 교회에 봉사할 기회를 얻었기에 저의 삶은 많은 부분에서 확실히 달라졌습니다. …… 저는 로마에서의 새로운 선교 활동을 시작하기 위해 페루에서 보낸 8년 반 동안의 주교직과 20년간의 선교 활동을 마무리했습니다."

프레보스트 주교의 후임으로 치클라요교구장이 된 에딘손 파르판 코르도바Edinson Farfán Córdova 주교는 그에 대해 다음과 같이 말했다.

"전임 교구장님은 치클라요교구를 사랑하십니다. 그분은 오늘날 세상과 나누시는 모든 것을 이곳에서 배우셨습니다."

그는 기자회견에서 다음 내용을 재차 강조했다.

"레오 14세 교황님은 출루카나스, 트루히요, 치클라요에서 사목 활동을 하셨기 때문에 페루에서 많은 시간을 보낸 우리 형제들 가운데 한 분이십니다. 그분은 페루에 대한 각별한 애정을 가지고 계십니다."

2023년 1월, 프란치스코 교황은 프레보스트 주교를 대주교로 승품하고, 성추행 혐의로 사임한 캐나다 출신 마르크 아르망 우엘레Marc Armand Ouellet 추기경의 후임으로 교황청 주교부 장관직을 맡겼다. 이 자리는 전 세계 주교의 3분의 2가량, 다시 말해 교황청 복음화부에 속한 남반구 주교들의 인사 발령을 준비하는 막중하면서도 섬세한 일을 하는 자리였다.

주교부 장관으로 임명된 프레보스트 대주교는 아르헨티나 출신인 프란치스코 교황이 평소 중요하게 여기던 교황청 라틴아메리카위원회까지 담당하게 되었다. 성 아우구스티노 수도회 총원장 임기 중에 로마에 거주한 경험이 있었기에, 페루의 미국인 선교사 출신 대주교는 바티칸 업무를 금세 파악할 수 있었다.

주교들을 임명하는 데 핵심 역할을 담당한 교황청 주교부 장관은 진지함과 신중함으로 호평을 받았다. 여기서 그분 표현을 빌리자면 소위 '보편 교회의 인사과장'은 침착하면서도 정확한 일 처리 방식 덕분에 몇 달 후 추기경으로 서임되었다. 프레보스트 추기경은 직위와 직무 덕분에 프란치스코 교황이 선종하기 몇 달 전까지 그분을 주기적으로 알현했다.

2023년 9월에는 부제급 추기경으로, 2024년 2월에는 알바노 Albano교구의 주교급 추기경으로 승격된 프레보스트 추기경은 프란치스코 교황이 조심스럽게 지지한 후임자 반열에까지 올랐다. 그렇다고 하여 이 상황을 굳이 '궤도 진입'이라고 표현할 필요는 없을 것이다. 그렇다면 프란치스코 교황은 콘클라베에 참석한 133명의 유권자 추기경단의 선택에 얼마만큼 영향을 끼쳤을까? 어찌 되었든 69세의 미국인 로버트 프랜시스 프레보스트 추기경은 자신도 모르게 2025년 콘클라베에 참석하고 있었다.

추기경 서임식을 며칠 앞둔 프레보스트 대주교는 성 아우구스티노 수도회의 요청으로 사제단과 신학생들을 만났다. 그 순간 무거운 짐을 짊어진 자신에게도 반향을 일으켰던 '두려워하지 마십시오.'라는 훈화 내용을 전했다.

"수련기 시절, 연세가 지긋한 수사님 한 분이 저를 찾아와 '인내하십시오.'라고 하셨습니다. 그 말씀은 아직도 저에게 울림을 주십니다. 결혼 생활을 하든, 독신 생활을 하든, 수도자로 살아가든 그 누구도 어려운 시기를 피할 수 없습니다. 그러므로 우리는 모두 인내를 구하며 기도해야 합니다. 첫 번째 어려움 앞에서 포기할 수 없습니다. 거기서 포기한다면 인생 여정에서 그 무엇도 이룰 수 없기 때문입니다. 인내는 주님께서 허락하시는 큰 선물입니다. 그러나 강해지기 위해 어려움을 받아들이고 그 어려움을 우리 삶의 일부분으로 삼는 법을 배워 나가야 합니다. 인내는 시간이 지나면서 점차 단단해지고 견고해지는 하나의 선물이기 때문입니다. 인내는 초반에 느끼는 작은 시련을 통해 더욱 강해집니다. 인내는 무거워진 십자가를 짊어질 수 있게 돕고, 앞으로 나아가며 계속해서 발전할 수 있도록 합니다."

로버트 프랜시스 프레보스트 추기경의 생애를 완벽하게 설명하기는 어렵겠지만, 그가 걸어온 길을 보면 끊임없이 책임감을 키워 왔음을 알 수 있다. 그 결과 전 세계 추기경단의 기준에서 차기 교황으로 선출되기 위한 모든 요건을 충족했다. 그는 선교사로서 사목 현장 경험을 쌓았고, 가난한 이들에게 거리낌 없이 다가갔으며, 교황청에 대한 해박한 지식도 가지고 있었다. 게다가 남아메리카와 북아메리카를 잇고 여러 언어를 구사하는 수도자였다.

그의 교황 선출에 제동을 걸 만한 유일한 불안 요소는 언론이 그에 대해 충분히 알지 못했다는 사실 정도일 것이다. 카리스마 넘치는 아르헨티나 출신 프란치스코 교황이 때로 과감하고 도전적인 자세로 여러 논쟁의 중심에 서기도 했다면, 레오 14세 교황의 온유함은 교회의 일치와 통합에 큰 도움이 될 것이다.

'조용한 혁명가'로 정평이 난 레오 14세 교황은 세상이 우선시하는 범주에서 한참 벗어난 인물이다. 사회적 약자에게 관심이 많을 뿐만 아니라 일반 신자들의 신앙과 신심도 세심하게 살핀다. 경청하며 소통하고, 언제나 열린 마음으로 대화에 참여한다. 이러한 장점들은 프란치스코 교황이 시작한 시노달리타스[8]를 지속적으로 이끌어 갈 충분한 역량이 있다는 것을 의미한다.

최초의 미국 출신 교황은 이미 지난 시노드, 즉 시노달리타스에 관한 시노드에서 이를 증명했다. 특별히 그는 교황청 주교부라는 틀 안에서도 개방성을 지향했다. 주교 후보자 지명 과정이 더욱 시노드적이어야 한다고 생각했고, 장관으로 재임하며 교황청 주교부에 세 명의 여성을 임명했다. 이는 주교 후보자 심사에 실질적인 통찰력을 제시한 사례이다.

'레오 14세 교황의 방식'을 누가 가장 완벽하게 설명할 수 있을

---

8 시노달리타스는 '함께syn 길hodos을 걷는다'는 뜻의 그리스어에서 유래된 용어이다. 이 개념은 교회가 함께 소통하고 경청하며 결정을 내리는 과정을 폭넓게 아우른다.

까? 그의 둘째 형 존 프레보스트는 시카고 CBS 뉴스와의 인터뷰에서 새 교황의 성품 몇 가지를 전했다.

"동생 로버트는 성인과 같은 인내심을 가졌어요. 그에게는 충분히 가능한 일입니다. 그는 대답하기 전에 잠시 멈춰 생각할 줄 압니다. 보시다시피 저는 이렇게 즉시 대답하는 편이지만, 동생은 잠시 생각한 다음 대답하지요. 로버트는 자신의 발언과 오늘날 교회와 신자들에게 가장 적절한 대응 방식을 신중하게 고민합니다. 어쩌면 불가능에 가까울지도 모르지만, 그는 모든 이들을 하나로 모으고 일치를 이루려고 노력합니다."

존 프레보스트는 신임 교황이 미국과 관련된 문제들을 어떻게 생각하는지도 잘 알고 있었다.

"로버트 스스로 입장을 밝힐 것입니다. 제가 그분을 대신해 말하고 싶지는 않습니다. 하지만 그분께서는 미국이 이주민 문제를 정의롭지 않은 방향으로 풀어 간다고 생각하는 것 같습니다. 이주민들 역시 사람이기에 마땅히 인간적인 대우를 받아야 합니다. 전쟁과 관련해서는 글쎄요, 그가 이 문제를 어떻게 해결할지 모르겠네요. 무엇을 하든 누군가의 기분을 상하게 할 수밖에 없는 곤란한 상황이니까요."

최초의 미국인 교황은 가족의 지지는 물론 성 아우구스티노 수도회에도 기도를 부탁할 것이다. 예전부터 레오 14세 교황은 여가를 즐기며 삶의 균형을 찾는 데 관심이 많았다. 그런데 막중한 책임을 맡으면서도 예전처럼 테니스를 칠 수 있을까? 2023년, 로마에 온 후부터는 거의 치지 못했다고 들었다. 그나마 독서는 가능하겠지만, 그가 좋아했던 산책이나 여행은 이전만큼 즐기지 못할지도 모른다. 레오 14세 교황은 아우구스티노 수사님들과의 공동체 생활 또한 몹시 그리워할 것이다.

"저는 친구들과 함께 시간을 보내거나 다양한 사람들을 만나는 것을 좋아합니다. 소중한 사람들과 만들어 가는 좋은 관계는 우리 삶을 넉넉하고 풍요롭게 만들어 줍니다. 인생 여정에서 진실한 우정을 키울 수 있다는 것은 참으로 멋진 일입니다. 틀림없이 우정이란 하느님께서 우리에게 주신 가장 놀라운 선물들 가운데 하나입니다."

3장

세상을 위한 발걸음

콘클라베가 끝난 후 장 폴 베스코Jean-Paul Vesco 추기경은 "교황님께서 선출되셨습니다. 매우 훌륭한 교황님이십니다."라고 이야기했다. 알제리 알제Alger대교구장 베스코 추기경은 투표 과정을 함구하면서도 "교황님께서는 전적인 지지를 얻으셨습니다."라고 확인해 주었다. 콘클라베 사전 회의 및 전체 토론은 추기경단 안에서 서로의 차이를 허용한다. 그러나 일치와 화합의 시간은 생각보다 훨씬 일찍 찾아왔다. 베스코 추기경은 '다채로운 사목 경험의 결정체'라는 표현으로 요약되는 새 교황의 장점과 자질을 두고 "흔히들 빵이 맛있다고 말하듯이 매우 훌륭하고 맛깔스러운 교황님께서 선출되셨습니다."라고 강조했다. 프랑스 아작시오Ajaccio교구장 프랑수와 자비에 부스틸로François Xavier Bustillo 추기경은 "교황님은 온유하시고 결단력이 있는 분입니다. 특유의 우직함과 결단력으로 오랫동안 교회에 봉사하실 것입니다."라고 덧붙였다. 이는 레오 14세 교황의 둘째 형 존 프레보스트의 반응과 일치한다.

"로버트는 마음속으로도, 영혼으로도 선교사를 꿈꾸어 왔어요. 주교나 추기경이 되고 싶었던 건 아닐 겁니다. 교황청의 결정에 순명했기에 추기경이 되었지요. 소외 계층을 향한 깊은 연민 때문에 페루로 돌아가 선교지에서 살고 싶었을 것입니다. 가난하고 소외된 이들을 위해서 말이지요. 이런 점에서 저는 로버트가 제2의 프란치스코 교황이 될 것이라고 생각합니다. 전임 교황의 뒤를 이어 소외된 이들을 위해 봉사할 것입니다. 그는 아직 젊고 활동적이어서 전 세계 방방곡곡을 두루 돌아다닐 거예요. 또한 자신이 생각하는 바를 이야기할 겁니다."

교황 선출 소식이 알려지자 성 베드로 광장은 기쁨과 환호성으로 가득 찼고, 이러한 감동은 전 세계로 퍼져 나갔다. 미국 대통령의 반응도 어느 정도 예상할 수 있었다. 도널드 트럼프는 사회관계망서비스를 통해 "우리나라 미국에 얼마나 큰 기쁨과 영광인가!"라며 반가움을 표현했고, 가톨릭교회의 새로운 수장에게 축하 인사를 전했다. 그리고 "하루빨리 회동 자리가 마련되기를 고대한다."라고 덧붙였다. 프랑스 언론사 AFP[9] 소속으로 수년간 바티칸 기자로 일한 장 루이 드 라 베시에르Jean-Louis de La Vaissière는 예리한 시선으로 신임 교황을 관찰하며, 이번 교황 선출이 교회의 일치를 재확인하는 자리였다고 분석했다.

"분열된 교회에서 서로를 안심시키고 일치를 도모하려는 교황의 모습이 인상 깊습니다. 새로운 교황이라면 콘클라베에서 큰 어려움 없이 반대표까지 아우를 수 있을 것이라는 직감이 들었습니다. 언론은 바로 이 부분을 예상하지 못했던 것 같습니다. 그분은 다양한 사회문화적 지위를 지녔습니다. 레오 14세 교황님은 미국인이지만 '미국을 다시 위대하게Make America Great Again'라는 구호를 외치는 분은 아닙니다. 페루 국적을 취득했기 때문에 마음으로는 페루인이자 라틴아메리카인일 것입니다. 이탈리아, 프랑스, 스페인 등 삼중의 집안 혈통은 그분을 유럽인으로 분류하기에도 부족함이 없습니다. 굳이 아시아와 아프리카를 언급하지 않더라도, 교황의 사회문화적 지위는 전혀 모자라지 않습니다."

그리고 이렇게 덧붙였다.

"세계적으로 폭풍이 몰아쳤던 시기에도 그분은 감동을 전하는

---

[9] '아장스 프랑스 프레스AFP(Agence France-Presse)'는 프랑스 파리에 본사를 둔 국제 언론 기관이다. 이 단체는 정치적, 상업적, 이념적 영향에서 벗어나 독립적인 목소리를 내기 위해 노력하고 있다.

분, 당신의 입장이 확고해서 기댈 수 있는 분이었습니다."

레오 14세 교황의 큰형 루이스 프레보스트는 '걸프 코스트 뉴스 채널'과의 인터뷰에서 다음과 같이 말했다.

"로버트는 제 동생이지만, 교회 울타리 안에서는 잘 모르겠어요. 동생이 오늘 교황으로 선출되었다는 사실이 믿기지 않네요."

기자가 "레오 14세 교황에게 무엇을 기대하십니까? 과거에 경험했던 것처럼 흔들리지 않는 그의 헌신이겠지요?"라고 묻자, 루이스는 이렇게 답했다.

"그분이 원하시면 프란치스코 전임 교황님처럼 미국인 신분이 아니라 교황 자격으로 전쟁 피해 지역에 가서 사람들과 대화를 나눌 수 있을 겁니다."

이어서 "레오 14세 교황의 교회적 감수성은 무엇입니까?"라는 질문에는 다음과 같이 대답했다.

"저는 그를 보수주의자라고 생각하지 않습니다. 반대로 교회법의 규정을 기준으로 삼는다면 자유주의자라고도 볼 수 없겠지요. 다만 그가 자신을 파괴할 만한 일에 휘말리지 않기를 바랍니다."

사람들에게 존경과 찬사를 받는 동생을 지켜볼 수밖에 없는 형은 "다시는 동생을 볼 수 없을지도 모르겠네요. 새로운 직무가 주어졌으니까요."라며 북받쳐 오르는 감정과 아쉬움을 전했다.

교황직의 본질적 역할을 입증이라도 하듯 신임 교황 선출에 대한 전 세계의 공식적 반응은 늘어 갔다. 프랑스 대통령 에마뉘엘 마크롱은 사회관계망서비스 X[10]에서 "지금은 가톨릭교회와 수백만 신자들에게 역사적 순간입니다. 저는 레오 14세 교황님과 프랑스, 그리고 전 세계 가톨릭 신자들에게 형제애를 담아 메시지를 보냅니다."라고 논평했다. 러시아 모스크바의 크렘린궁에서 블라디미르 푸틴 대통령 역시 축하 메시지를 전했다.

"러시아와 바티칸 간의 건설적 대화와 긴밀한 교류가 우리를 하나로 묶어 주는 그리스도교적 가치에 토대를 두며 계속 발전할 것이라고 확신합니다."

한편 우크라이나의 볼로디미르 젤렌스키 대통령은 교황이 우크라이나의 평화를 위해 도덕적이고 영적인 지원을 아끼지 않기를 바란다고 전했다.

국제적 반응은 얼마든지 더 나열할 수 있다. 국제연합UN 사무총장 안토니우 구테흐스는 교황청에 거는 기대를 언급했다.

"전 세계에는 평화와 사회 정의, 인간 존엄성과 연민을 위한 가장 강력한 목소리가 필요합니다. 연대를 증진하고 화해를 촉진하며, 모든 이를 위한 정의롭고 지속 가능한 세상을 만들기 위해 노력해야 합니다."

---

10 사회관계망서비스 X는 '트위터'의 새 이름이다.

아메리카 대륙의 가톨릭 신자들, 특히 '자신들의' 주교가 교황으로 선출되었다는 소식에 놀란 페루 교우들은 기쁨과 환희를 표현했다. 이번 교황 선출에는 여러 시대적 징표가 포착된다. 북아메리카와 남아메리카를 잇는 교회, 기쁨과 환희로 가득 찬 교회, 그리고 예수회 출신 전임 교황에 이어 수도자 출신 후임 교황이 탄생했다는 점은 분명한 시대적 징표이다.

프랑스 도미니코 수도회 관구장 니콜라 티시에Nicolas Tixier 신부는 교황이 성 아우구스티노 수도회 소속이라는 사실에 기쁨을 표하며 이렇게 논평했다.

"성 아우구스티노 수도회와 마찬가지로 우리 도미니코 수도회의 수사들도 아우구스티노 성인의 규칙대로 살고 있습니다. 아우구스티노 성인의 규칙은 사랑의 계명을 제일 먼저 상기시킨 다음, 공동체 안에서 일치를 추구하라고 가르칩니다. '여러분은 왜 모이셨나요? 하느님 안에서 한마음 한뜻이 되어 다 함께 일치를 이루며 살아가기 위해 모인 것이 아닙니까?' 이 같은 친교와 일치의 이상향에 따라 양성된 수도자가 교황이 되셨다는 점에서, 이번 콘클라베는 더할 나위 없이 아름답고 훌륭합니다. 친교와 일치는 고통으로 분열된 세상에 매우 귀중한 선물이며 자산이기 때문이지요."

성 아우구스티노 수도회의 '사촌뻘'이라 할 수 있는 성모승천 아우구스티노 수도회의 미쉘 퀴블러Michel Kubler 신부는 교황이 레오 13세의 발자취를 따라 '레오 14세'라는 교황명을 선택한 점에 주목했다.

"레오 14세 교황님께서 우리의 아버지 같으신 분, 바로 아우구스티노 성인에 관하여 언급하실 때 저는 깊은 감명을 받았습니다. 예수회 출신 프란치스코 교황님께 이냐시오 성인이 기준점이었던 것처럼 후임자 교황님을 대변할 정신적 기준점은 이미 여기에 있다고 확신하였기 때문입니다. 다시 말해, 우리가 밖에서 하느님을 찾으려 애쓸 때조차 각자의 인간 존재 안에 이미 하느님께서 현존하신다는 사실, 그리고 하느님은 '우리 자신보다 우리 개개인과 훨씬 더 친밀하시며 우리를 잘 알고 계신다.'라는 사실입니다. 개인에게는 공동체가 중요하며 사회에는 조화와 화합이 중요하다는 점, 아울러 공동선을 추구해야 한다는 것을 힘주어 강조하신 점 등은 히포의 주교 아우구스티노 성인이 4-5세기에 이미 장려했던 바이지요. 그랬던 것을 19세기에 이르러 로마의 주교님이셨던 레오 13세 교황님께서 사회교리라는 이름으로 정립하셨습니다. 그리고 오늘 새 교황님께서는 레오 13세를 본받아 레오 14세라는 교황명을 선택하셨습니다."

퀴블러 신부는 "평화에 대한 레오 14세 교황님의 첫 마디와 다리를 놓으시겠다는 그분의 열의, 일치와 화합에 관심을 기울이신 점이 특히 기억에 남습니다."라며 담화를 마무리했다.

칭찬과 기대로 가득 찬 분위기 속에서도 불협화음은 있기 마련이다. 이 불협화음은 로버트 프랜시스 프레보스트 추기경이 과거 두 건의 성폭력 사건을 제대로 대처하지 못했다는 비난과 관련된다. 첫 번째 사례는 시카고 관구장으로 재임하던 시절에 일어난 일이다. 아동 성범죄로 유죄 판결을 받은 수도자를 초등학교 근처에 있는 성 아우구스티노 수도원에 머물도록 허락해 비판을 받았다. 두 번째 사례는 치클라요교구장으로 재임하던 때에 일어난 일이다. 이 사건은 2022년이 되어서야 알려졌으며, 당시에 필요한 조치를 충분히 취하지 않았다는 비난을 받았다. 치클라요교구가 관련 서류를 이미 로마 교황청에 보냈다고 공식 발표했음에도, 피해자 단체는 당시의 미흡한 대처에 대해 해명하기를 촉구했다.

이 논란은 교황직 초반을 얼룩지게 할 수 있지만, 동시에 앞으로 적극적이고 결단력 있는 행동으로 아동 성범죄 사건을 단호히 처분하는 것이 교황직의 시급한 우선순위 과제임을 시사한다.

"너는 베드로이다.
내가 이 반석 위에 내 교회를 세울 것이다"

2025년 5월 9일 금요일,
시스티나 경당에서 선거인 추기경단과 함께하는 첫 미사 중
마태오 복음 16장 13-19절에 관한 레오 14세 교황의 강론 발췌.

―――――

"스승님은 살아 계신 하느님의 아드님 그리스도이십니다."(마태 16,16) 이 복음 말씀에서 스승 예수님께서는 베드로와 다른 제자들에게 당신께 대한 믿음에 관하여 질문하십니다. 사도적 계승으로 교회가 2천 년 동안 간직하고 심화하며 전승해 온 신앙의 유산을 종합적으로 표현한 신앙 고백 내용입니다.

…… 하느님께서는 추기경단 여러분의 투표로 베드로의 뒤를 잇도록 저를 부르셨습니다. 이는 교회의 보물인 신앙의 유산을 저에게 맡기셨음을 의미합니다. 하느님의 도우심에 힘입어 교황으로 선출된 제가 교회 신비체 전체의 선익을 찾는 성실한 관리인(1코린 4,2 참조)이

되라는 부르심입니다. 교회가 언제나 산 위에 있는 거룩한 도성(묵시 21,10 참조), 역사의 파도 위를 항해하는 구원의 방주, 세상 한가운데에서 밤을 비추는 등대가 될 수 있도록 말입니다.

예수님께서는 베드로가 신앙 고백을 하기 앞서 "사람의 아들을 누구라고들 하느냐?"(마태 16,13)라는 질문을 먼저 하십니다. 이는 결코 가벼운 질문이 아니며, 우리 사제직의 중요한 측면과 맞닿아 있습니다. 우리가 살아가는 현실, 그 한계와 가능성, 의문과 확신을 다루는 질문이기 때문입니다.

…… 이 질문에는 두 가지 서로 다른 태도를 반영하는 대답들이 잠재되어 있습니다. 먼저 세상의 대답입니다. 마태오 복음사가는 예수님과 제자들이 스승님의 정체성을 이야기하는 이 장면이 헤르몬산 기슭의 아름다운 자연 경관과 호화로운 궁전들로 가득한 카이사리아 필리피에서 이루어졌다고 강조합니다. 그러나 동시에 이곳은 잔혹한 권력의 중심지이며 배신과 불륜의 현장이기도 했습니다. 이같이 상반된 이미지가 가리키는 세상은 예수님을 전혀 중요하지 않은 인물로 치부하며, 그분의 특이한 말투와 행동도 단지 경이로움을 불러일으키는 호기심 정도로 여길 뿐입니다. 혹여 예수님께서 사람들에게 바라시는 정직과 도덕성이 귀찮아진다면 이 세상은 주저 없이 그분을 거부하고 없애 버릴 것입니다.

예수님의 질문에 또 다른 대답도 가능합니다. 바로 군중의 대답입니다. 군중에게 나자렛 사람 예수님은 '사기꾼'이 아니라 이스라엘 역사 속 위대한 예언자들과 마찬가지로 언변이 출중하고 올바른 이야기를 하는 올곧고 용감한 분입니다. 그렇기에 큰 위험이나 불편함을 감수하지 않는다면 군중은 예수님을 따릅니다. 그렇지만 예수님도 인간일 따름입니다. 그래서 주님께 수난의 위험이 닥쳤을 때 군중은 그분께 실망하고 떠나갑니다.

이 두 가지 태도에서 눈에 띄는 점은 이 대답들이 오늘날에도 여전히 유효하다는 사실입니다. 이 두 가지 대답은 현대인들의 입에 쉽게 오르내리는 것 같습니다. 어쩌면 다른 언어로 표현될지 몰라도, 본질이 변하지 않는 두 가지 측면을 실제로 구체화한 것인지도 모릅니다.

그리스도교 신앙이 때로는 터무니없고 나약하며 지혜롭지 못한 이들만을 위한 것이라는 오해를 사는 경우가 있습니다. 나아가 그리스도교 신앙보다 기술이나 돈, 성공과 권력, 쾌락과 같이 당장 손에 잡히는 확실한 것들을 더 선호하는 세태 또한 쉽게 눈에 띄곤 합니다. 이런 분위기에서 복음을 선포하고 증언하는 것은 쉽지 않아 보입니다. 신앙인들이 그저 조롱과 박해, 멸시의 대상으로 전락해 버리기 때문입니다. 기껏해야 관용과 동정 정도를 기대할 뿐입니다. 그러나 정확히 이러한 이유와 상황 속에서 선교는 시급한 도전 과제로 대두

됩니다. 신앙의 결핍은 때로 삶의 의미 상실과 자비로움의 망각, 극적인 형태로의 인간 존엄성 침해와 가정 위기, 우리 사회가 심각하게 겪고 있는 다른 상처를 초래하기 때문입니다.

…… 이것이 바로 우리에게 맡겨진 세상입니다. 프란치스코 교황님께서 거듭 강조하셨듯이 우리는 구세주 예수님 안에서 기쁨으로 가득 찬 신앙을 증언하도록 부르심을 받은 사람들입니다. 따라서 '스승님은 살아 계신 하느님의 아드님 그리스도이십니다.'(마태 16,16)라고 응답하는 자세가 우리에게도 필요합니다. 이 신앙 고백은 우리에게 본질적인 의미를 지니기 때문입니다.

…… 저는 먼저 베드로 사도의 후임자인 저 자신을 위해 말씀드리려 합니다. 안티오키아의 이냐시오 성인이 로마인들에게 보낸 편지 서문 내용을 빌리겠습니다. 보편 교회를 사랑으로 이끌도록 부르심을 받은 로마 교회의 주교인 저는 이제 선교 사명을 시작하려 합니다(《로마인들에게 보낸 편지》 서문 참조). 순교를 앞둔 이냐시오 성인은 사슬에 묶인 채 끌려가 로마의 그리스도인들에게 편지를 쓰셨습니다.

"세상이 더 이상 제 몸을 보지 못하게 되었을 때 저는 진정으로 예수 그리스도의 제자가 될 것입니다."(《로마인들에게 보낸 편지》, IV,1)

이 말씀을 통해 성인은 당신이 로마 콜로세움 원형경기장에서 맹수들의 먹이가 될 것을 암시하셨고 실제로 그렇게 되었습니다. 그런

데 안티오키아의 이냐시오 성인의 이 말씀은 교회에서 권위를 부여받아 직무를 수행하는 사람이면 누구나, 조건 없이 헌신해야 한다는 사실을 일반적으로 이야기하는 것인지도 모릅니다. 다시 말해, 그리스도만이 남으시도록 우리는 사라지는 것, 그리스도께서 영광스러워질 수 있도록 우리가 작아지는 것(요한 3,30 참조), 모든 이가 그리스도를 알아보고, 그분을 사랑할 기회를 아무도 놓치지 않도록 우리 자신을 오롯이 바쳐 봉사하는 것을 가리킵니다.

교회의 어머니 성모 마리아의 가장 부드러우신 전구와 도우심에 힘입어, 하느님께서 저에게 이제와 영원히 은총을 베풀어 주시기를 빕니다.

2025년 5월 9일, 바티칸에서
레오 14세 교황

4장

여전히 중요한 일곱 추기경

교황 후보자로 거론되었던 일곱 명의 추기경들은 "교황이 되려고 콘클라베에 들어간 사람은 콘클라베에서 추기경으로 나온다."라는 옛 속담의 희생양이 된 것처럼 보인다. 언론 매체에서는 그들을 '파파빌리Papabili'[11]라 불렀지만, 콘클라베 투표 결과는 늘 예측 불가능하다. 그렇지만 이들은 앞으로도 교회에서 매우 중요한 역할을 할 것이다. 비록 공식적인 교황 후보자로 발표된 적은 없지만, 이번 콘클라베는 보편 교회를 위해 중요한 역할을 할 인물

---

11 라틴어 '파파빌리Papabili'는 추기경단 가운데 교황으로 선출될 가능성이 있는 '교황 후보자들'을 뜻한다.

들에 대한 일종의 '설문 조사' 기회를 제공했다는 점에서 긍정적인 면이 있다. 이들은 콘클라베가 열리기 전부터 총회와 콘클라베에 참여할 것이 확실했던 만큼 교회의 미래와 깊이 연결되어 있었다.

이 일곱 명의 추기경들은 로버트 프랜시스 프레보스트 추기경을 지지했든 아니든, 선출되지 않은 후보자로서 레오 14세 교황에게 든든한 지원군이 될 것이다. 물론 견해 차이로 인해 새 교황과 다른 입장에 선 추기경들이 있을 수도 있지만, 후임 교황은 전임 교황이 설립한 대로 교류와 대화의 장인 교황청 추기경평의회를 얼마든지 재구성할 수 있다.

피에트로 파롤린

교황청 국무원 총리 피에트로 파롤린Pietro Parolin 추기경은 콘클라베를 전반적으로 이끌며 존재감을 드러냈다. 다소 구부정한 자세와 안정된 목소리의 파롤린 추기경은 신중하고 겸손하며 인내심이 강한 인물로 인식되었다.

프란치스코 교황의 오른팔이자 추기경평의회 일원인 그는 교황청의 모든 문제와 업무를 누구보다 잘 파악하고 있다. 실제로 경청하는 능력과 복잡한 관계를 푸는 데 탁월한 섬세함을 지녔으며, 평화, 정의, 종교 간 대화라는 가치를 위해 헌신했다. 또한 깊은 신앙심과 성실함으로 높은 평가를 받았다. 그의 업무 방식은 차분하고 사려 깊으며 전략적이어서 까다롭고 민감한 외교 상황을 능숙하게 헤쳐나갈 수 있었다. 파롤린 추기경은 균형 잡힌 인품과 투철한 봉사 정신, 외교와 평화를 유지하는 뛰어난 역량을 보여 주었다. 이는 교황으로 선출되기에 필요한 요건과 자질을 두루 갖추었음을 의미했다.

1955년 1월 17일, 이탈리아 스키아본Schiavon에서 태어난 그는 2013년부터 교황청 국무원 총리 직무를 맡으며 교회 조직의 중심에 서게 되었다. 전직 외교관으로서 로마 교황청 서열 2위로 불렸으며 바티칸의 외교와 가톨릭교회의 국제 관계를 관리하는 데 핵심적인 역할을 담당했다. 파도바대학교를 졸업한 이 교회법 학자는 1986년부터 2002년까지 교황청 국무원 외교부에서 일했고, 2002년부터 2009년까지는 국제 협력 관계를 위한 외교부 차관직을 역임했다. 국무원 총리가 되기 전에는 멕시코와 독일 주재 교황청 대사관에서 근무했으며, 특히 2009년부터 2013년까지 베네수엘라 교황대사로서 국제 관계 관리 분야에서 다양한 경험을 쌓았다. 2018년에는 교황청과 중국 간 주교 공동 임명에 관한 역사적 합의를 체결하는 데에도 중추적인 역할을 했다. 하지만 이 합의가 만장일치에 이르지 못하면서 중국 지하 교회를 포기한 것이 아니냐는 비판을 피할 수 없었다.

  2014년 추기경으로 서임된 그는 윤리 문제에 있어 프란치스코 교황과 의견 차이가 있었던 것으로 짐작되지만, 줄곧 전임 교황의 신임을 얻어 왔다. 이처럼 영향력 있고 존경받는 피에트로 파롤린 추기경은 70세의 나이로 이상적인 교황이 될 수 있는 인물이다. 현재와 같은 과도기 상황에 없어서는 안 될 존재로 평가받으며 교황직 논쟁에서도 매우 중요한 위치를 차지하고 있다. 그러나 그에게 교황청이나 다른 큰 교구에서 새로운 직무를 맡기는 것은 결코 간단한 문제가 아닐 것이다.

피에르바티스타 피자발라

  1965년 4월 21일 이탈리아 콜로뇨 알 세리오Cologno al Serio에서 태어난 피에르바티스타 피자발라Pierbattista Pizzaballa 추기경은 대중에게는 잘 알려지지 않은 인물이다. 그럼에도 바티칸과 예루살렘 성지와 관련해 중요한 인물로 여겨진다. 경청하는 능력, 솔직함simplicité을 내세운 사목적 접근 방식이 그의 장점으로 손꼽힌다. 프란치스코 수도회 소속이자 이탈리아 출신 신학자인 피자발라 추기경은 근동 지방의 전문가로, 1990년 예루살렘에 도착했다. 그는 예루살렘 성지의 종교 지도자로서 중동의 다양한 종교와 문화 공동체 간의 평화와 공존을 촉진하는 데 열정을 쏟았다. 2020년 프란치스코 교황에 의해 예루살렘 라틴 총대주교로 임명되었고, 2023년 9월 추기경으로 서임되었다.

추기경 서임 한 달 뒤, 하마스와 이스라엘 간의 전쟁이 발발하면서 근동 지방 전체에 큰 파장이 일었고, 평화를 외치는 많은 사람이 자연스럽게 피자발라 추기경을 주목하기 시작했다. 예루살렘 라틴 총대주교와 추기경 서임 이전부터 프란치스코 수도회 소속 성지 보호구 봉사자로 수년간 일한 그는 예루살렘 지역 문제와 종교 간 상호관계에 조예가 깊었다. 그는 겸손과 인내, 종교 간 대화, 평화와 정의에 대한 변함없는 헌신으로 정평이 나 있었다. 신앙과 평화, 소통을 중요하게 여기는 그는 전임 교황의 뒤를 이을 훌륭한 교황 후보로 거론되었다. 2023년 10월 7일 전쟁 발발 이후 예루살렘 총대주교는 평화를 호소했고, 교회라는 울타리를 넘어 평화의 상징이 되었다.

근동 지방에서 쌓은 그의 값진 경험은 프란치스코 교황이 끊임없이 부르짖었던 평화를 전 세계 모든 대륙으로 확장하는 데 이바지했을 것이다. 자연스럽게 피에르바티스타 피자발라 추기경은 예루살렘 성지에 남아 평화를 구축하는 회유와 유화 정책의 산증인이 될 것이다.

마테오 마리아 주피

69세의 이탈리아 볼로냐Bologna대교구장 마테오 마리아 주피 Matteo Maria Zuppi 추기경은 평화와 사회 정의, 종교 간 대화에 헌신해 왔다. 이런 점에서 그는 가톨릭교회 내 중요한 인물로 평가받는다.

1955년 10월 11일에 로마에서 태어나 2015년에 볼로냐대교구장으로 임명되었고, 2022년에 프란치스코 교황에 의해 추기경으로 서임되었다. 2022년부터 이탈리아 주교회의 의장직을 수행한 주피 추기경은 이탈리아 교회 안에서 상당한 영향력을 행사해 왔다. 산 에지디오 공동체[12] 일원인 추기경은 특별히 분쟁 지역의 화해, 연민, 소통, 연대에 중점을 둔 사목을 펼쳐 왔다. 모잠비크의 중재자이며, 프란치스코 교황의 우크라이나 평화 사절단으로서 30년 동안 바티칸 외교 업무를 위해 봉사했다.

신중하며 사목 경험이 많은 추기경은 바티칸의 정치적 행보에 있어서 아르헨티나 교황의 타고난 후임자였다. 프란치스코 교황의 정신을 계승한 주피 추기경은 가난한 이들을 돕고 이주민들을 환대하며 동성애 신자들을 교회 안에 개방적으로 포용하는 데 헌

---

12 '산 에지디오 공동체Comunità di Sant'Egidio'는 1968년 이탈리아 로마에서 안드레아 리카르디가 설립한 가톨릭 평신도 공동체이다.

신했기 때문이다. 이탈리아 가톨릭 신자들은 이번 콘클라베 기간 동안 인기가 많은 주피 추기경이 교황직에 오르기를 기대했다.

하지만 안드레아 리카르디Andrea Riccardi가 설립한 '산 에지디오' 공동체 일원이라는 점에서, 이 공동체 운동의 영향력이 교회 내에서 너무 커졌다고 우려하는 사람들에게 마테오 마리아 주피 추기경이 교황으로 선출되는 일은 달갑지 않았을 것이다.

루이스 안토니오 타글레

많은 이들이 이미 루이스 안토니오 타글레Luis Antonio Tagle 추기경을 차기 교황이라고 생각했다. 가톨릭교회 내에서 두루 존경받는 타글레 추기경은 깊은 신앙심과 가난한 이들을 향한 헌신, 그리고 종교 간 대화 분야에서 두각을 나타냈다.

1957년 6월 21일, 필리핀 마닐라에서 태어난 추기경은 2011년에 마닐라대교구장에 임명되었다. 2012년, 베네딕토 16세 교황은 그를 추기경으로 서임했다. 덕분에 56세라는 젊은 나이에 프란치스코 교황을 선출하는 콘클라베에 참여할 수 있었다. 비교적 젊은 나이에도 필리핀 출신 추기경은 이미 비공식적인 교황 후보자로 거론되었다. 그의 카리스마와 '남반구 출신' 교황 후보자라는 이미지는 분명히 유리하게 작용했다. 타글레 추기경은 겸손하고 누구나 쉽게 다가갈 수 있으며 깊은 공감 능력을 지닌 지도자로 묘사되곤 한다. 그의 사목 방식은 솔직함과 더불어 신자들과 친밀한 관계를 맺는 것으로 유명하다. 특히 가난한 이들을 향한 그의 사명은 대중에게 큰 사랑을 받기에 충분했다. 게다가 다양한 종교 간 대화와 문화 간 교류를 촉진하는 역량과 사회 정의에 대한 헌신으로도 인정받았다.

온건파로 분류되는 타글레 추기경은 가톨릭교회의 과오, 특히 아동 성범죄 사건들을 여과 없이 비판하고 질타했다. 늘 웃음이 넘쳐 '아시아의 프란치스코 교황'으로 불리는 그는 전임 교황의 부름을 받고 필리핀을 떠나 로마로 왔다. 2019년 12월, 타글레 추기경은 인류복음화성[13] 장관으로 임명되었고, 2022년 6월 5일부터는 교황청의 대대적인 조직 개편에 따라 인류복음화부 장관이 되었다. 새로운 바티칸 조직에서 중추적인 역할을 맡은 그는 아직 젊지만, 적절히 합의를 이끌어 내는 능력이 뛰어나다.

그럼에도 불구하고 추기경단을 설득하는 데 현실적인 어려움이 있었던 것으로 보인다. 하지만 교황 선출과 관련하여 자주 거

---

13 기존의 교황청 '인류복음화성Congregation for the Evangelization of Peoples'은 2022년 6월 5일 교황청의 개편에 따라 '새복음화촉진평의회Pontifical Council for Promoting the New Evangelization'와 통합되었다. 새롭게 개편된 명칭은 '인류복음화부Dicastery for Evangelization'이다.

론되었던 인물이라는 점에서, 루이스 안토니오 타글레 추기경은 레오 14세 교황에게 귀중한 자원이 될 것이다.

안데르스 아르보렐리우스

75세인 안데르스 아르보렐리우스Anders Arborelius 추기경은 스웨덴 가톨릭교회에서 중요한 역할을 하는 인물이다. 개신교가 주류를 이루고 국민 대다수가 무종교인 스웨덴에서 가톨릭교회의 수장으로서 종교 간 대화에 힘썼다고 알려져 있다.

1949년 9월 24일, 스위스 소렌고Sorengo의 개신교 가정에서 태어난 그는 어린 시절 루터교 신자였다. 20세 때 아기 예수의 데레사 성녀의 자서전 《한 영혼의 이야기*Histoire d'une âme*》를 읽고 감명받아 가톨릭 신앙을 받아들였다고 한다.

성인이 된 후 맨발의 가르멜 수도회에 입회했고, 1998년 12월에는 요한 바오로 2세 성인 교황이 그를 스톡홀름교구 주교로 임명했다. 이로써 그는 종교개혁 이후 처음으로, 그리고 39세라는 젊은 나이에 스웨덴 최초의 스웨덴계 가톨릭 주교가 되었다. 그리고 2017년 6월 27일 프란치스코 교황은 그를 스칸디나비아반도 최초의 추기경으로 서임했다. 콘클라베를 위해 시스티나 경당으로 들어갈 때 그는 추기경 이상의 야심은 전혀 없다고 밝혔다.

가르멜 수도회 소속인 추기경은 깊은 신앙심과 솔직함으로 높은 평가를 받았다. 그리고 가톨릭이 소수 집단에 불과한 스웨덴의 사회적 배경에서 종교 간 대화와 교회 일치 운동에 탁월함을 보였다. 윤리 문제나 사제 독신 문제와 관련해서 다소 보수적인 입장을 취하는 그는 2020년부터 바티칸 재무평의회에서 일하고 있다.

세속화 현상이 두드러진 북유럽 스웨덴에서 안데르스 아르보렐리우스 추기경은 대화와 개방성을 중요하게 여기는 인물로 평가받는다. 프란치스코 교황처럼 유럽과 스웨덴의 이주민 환대를 지지하며 헌신적으로 목소리를 내기도 했다.

페테르 에르되

1952년 6월 25일 헝가리 부다페스트에서 태어난 페테르 에르되Péter Erdő 추기경은 2013년에 이미 베네딕토 16세의 후임 교황 후보로 거론되었다. 2000년 1월, 요한 바오로 2세 성인 교황은 그를 헝가리 교회의 지도자, 에스테르곰 부다페스트Esztergom-Budapest대교구장 겸 헝가리 총대주교로 임명했다. 그리고 2003년, 당시 50세였던 에르되 대주교를 추기경으로 서임했다.

그는 세 차례 연속 콘클라베에 참석한 몇 안 되는 인물 중 한 명이었다. 깊은 신앙을 바탕으로 세상의 문제를 끌어안는 포용력, 특히 사회, 윤리, 문화와 관련된 사안을 조화롭게 다루는 능력으로도 유명하다. 그는 겸손하고 사려 깊었으며, 때로는 엄격한 방식을 고집하기도 했다.

에르되 추기경은 정교회와의 대화뿐만 아니라 유다교 공동체와의 만남에도 능숙하다. 윤리 신학의 열렬한 수호자로서 유럽의 탈그리스도교화에 깊은 우려를 표명하기도 했다. 다국어를 유창하게 구사하는 그는 헝가리 사회가 직면한 현대의 도전 과제들에 각별히 주의를 기울여 왔다. 덕분에 그의 영향력은 폭넓게 확장되고 있었다. 72세의 에르되 추기경은 정치적 관점에서 상당히 보수적이며 분열적 성향을 지녔음에도 콘클라베에서 발생할지 모를 논쟁과 긴장을 완화하는 데 도움을 주었을 것이다.

이주민 환대에 대한 신중론과 동성혼에 대한 반대론, 그리고 낙태 반대 운동[14]에 대한 찬성론은 에르되 추기경에게 프란치스코 교황의 타고난 후임자가 아닌 신중한 보수주의자라는 별명을 부여한 이유이다.

---

14 영어 '프로라이프Pro-life'와 프랑스어 '프로비Pro-vie'는 태아의 생명을 보호하고 낙태에 반대하는 운동을 가리킨다. 이 운동의 지지자들은 태아를 독립적인 생명체로 인식하며 출생 전부터 생명권이 있다고 주장한다.

교회법 전문가이자 사회적 논쟁에 풍부한 경험을 갖춘 페테르 에르되 추기경은 서구 사회의 위기를 극복하기 위해 늘 고심하고 관심을 기울인다. 이러한 특징은 프란치스코 교황의 노선을 지지하는 추기경단이 에르되 추기경을 우선순위로 두기 어려운 유럽 출신 교황 후보자의 면모이기도 하다.

장 마르크 아블린

만약 프랑스 마르세유Marseille대교구장 장 마르크 아블린Jean-Marc Aveline 추기경이 교황이 되었다면, 이는 분명 프랑스 교우들에게 더할 나위 없는 기쁨이었을 것이다.

아쉽게도 프란치스코 교황은 몇 가지 예외를 제외하고는 프랑스를 공식적으로 사목 방문하지 못했다. 하지만 아르헨티나 출신 교황은 이 부분을 분명히 짚었다. 프랑스를 공식적으로 순방하지는 못했지만, 유럽 인사들과의 만남을 위해 스트라스부르에, 지중해 연안 인사들과의 회의를 위해 마르세유에, 그리고 이탈리아 밖 47번째이자 마지막 사목 방문으로 대중 종교성에 관한 회의를 마무리하기 위해 코르시카섬에 갔다고 말이다.

올해 66세인 아블린 추기경은 2023년 9월, 프란치스코 교황이 마르세유 사이클 경기장 스타드 벨로드롬Stade Vélodrome을 방문하는 데 주도적인 역할을 했다. 이를 위해 로마에 자주 드나들었다는 소문까지 들릴 정도였다. 하지만 베드로 사도의 뒤를 잇는 교황이 되려면 추기경단의 신임을 얻어야 했기 때문에, 단지 전임 교황과 가까운 사이였다는 것만으로는 부족했을 것이다.

아블린 추기경은 1958년 12월 26일 알제리에서 태어났으며, 스페인 남부 출신 피에누아르pieds-noirs[15] 가문의 후손이다. 평생 마르세유에서 살았으며, 호탕한 기질로 이 도시를 대표하는 상징적인 인물이 되었다. 1984년에 사제품을 받은 추기경은 사제직 초반을 학업과 신학생 양성에 집중했다. 1992년에는 마르세유에 종교 신학 연구소ISTR[16]를 설립하고 2002년까지 소장직을 맡았다. 2013년 12월에 마르세유 보좌주교로 임명된 그는 2019년에 대주교로, 2022년 8월에 추기경으로 서임되었다.

그는 온화한 성품의 소유자로 종교 간 대화를 끊임없이 지지해 왔다. 마르세유대교구장은 위험을 무릅쓰고 지중해를 건너는 이주민들의 비참한 현실에 무관심할 수 없었다. 이 점 또한 프란치

---

15 프랑스어 '피에누아르pieds-noirs'는 직역하면 '검은 발'이라는 뜻이다. 1830년 6월 18일 프랑스의 알제리 침공 때부터 1962년 알제리 독립 때까지, 프랑스령 알제리에 거주하던 유럽계 백인들을 지칭하는 용어이다.

16 '종교 신학 연구소'는 프랑스어로 'Institut de Science et de Théologie des Religions'이며, 약어는 ISTR이다.

스코 교황과 가까워지는 계기가 되었다.

  이번 콘클라베가 개최되기 전인 2025년 4월, 장 마르크 아블린 추기경은 프랑스 주교회의 의장으로 선출되어 7월 1일부터 임기를 시작했다. 이는 레오 14세 교황을 곁에서 도우며 실질적으로 협력할 수 있다는 의미로 풀이된다.

"우리의 권위는 봉사하기 위한 것입니다"

교황청 주교부 장관으로 임명된
로버트 프랜시스 프레보스트 대주교가 2023년 9월 30일
바티칸 뉴스 안드레아 토르니엘리 기자와 인터뷰한 내용.

Q. 오늘날 교회에 필요한 이상적인 주교 이미지를 간략하게 그려 주시겠습니까?

A. 무엇보다 주교는 '가톨릭적'이어야 합니다. 주교는 종종 지역 차원에만 집중할 위험이 있기 때문입니다. 그러나 주교는 교회와 현실에 훨씬 폭넓은 시각을 가져야 하며, 교회의 보편성도 경험해야 합니다. 또한 주교는 다른 이의 말에 귀 기울이며 조언을 구할 줄 알아야 하며, 심리적으로나 영성적으로나 성숙함을 보여 줄 수 있어야 합니다. 주교의 본질적 요소는 한 사람의 사목자로서, 자신을 아버지이자 형제로 생각하는 사제단부터 시작해 교회 공동체의 구성원들과도 가까이 지낼 수 있어야 한다는 점입니다. 그 누구도 배제하지 않고 모

든 사람과 친밀한 관계를 맺을 수 있어야 합니다.

프란치스코 교황님은 네 가지 친밀함을 말씀하셨습니다. 하느님과의 친밀함, 형제 주교단과의 친밀함, 사제단과의 친밀함, 그리고 모든 하느님 백성과의 친밀함입니다. 우리 주교들은 교회 안에서 또는 사회적으로 특정 수준에 만족한 채 궁전 안에 홀로 갇혀 스스로 고립되거나 외로운 상태로 살아가려는 유혹에 절대 무릎 꿇어서는 안 됩니다. 그리고 오늘날 의미를 상실한 '권위'라는 관념 뒤에 숨으면 안 됩니다. 우리의 권위는 봉사하기 위한 것입니다. 또 사제단을 동반하고, 사목하며, 가르치기 위한 것입니다.

우리 주교들은 자주 교리 교육을 하고 신앙생활하는 방법을 가르치는 데 몰두합니다. 그러나 우리의 첫 번째 사명은 예수 그리스도를 안다는 것이 무엇인지 가르치며 주님과의 친밀함을 증언하는 것임을 잊어서는 안 됩니다. 우리가 가장 먼저 해야 할 사명은 신앙의 아름다움, 그리고 예수님을 알아가는 기쁨과 그 아름다움을 온 세상에 전하는 것입니다. 이는 우리 스스로부터 그 아름다움을 살아가며 이 경험을 나누어야 한다는 것을 의미합니다.

II

새 교황의 시대 개막

5장

프란치스코 교황의 마지막 순간들

추기경단의 선택을 이해하려면 프란치스코 교황의 마지막 순간들을 떠올리지 않을 수 없다. 제266대 프란치스코 교황의 선종은 즉각적으로 제267대 후임자 교황 선출로 이어지며, 바쁘게 돌아갈 일정의 시작점이 되었다.

2025년 4월 21일 월요일, 아일랜드 출신 케빈 패럴Kevin Farrell 추기경이 임시로 교황 직무 대행을 맡으며 프란치스코 교황의 선종을 공식적으로 발표했다. 최근 몇 달 전부터 이어진 아르헨티나 교황의 건강 상태를 고려한다면 선종 발표는 사실 그렇게 놀랄 일이 아니었다. 그렇더라도 교황의 선종 소식은 전 세계에 슬픔과

애도의 물결을 일으켰다. 패럴 추기경은 이렇게 발표했다.

"친애하는 형제자매 여러분, 프란치스코 교황님의 선종 소식을 전하게 되어 깊은 슬픔을 금할 길이 없습니다. 오늘 아침 7시 35분, 로마의 주교님 프란치스코 교황님께서 성부 하느님의 품에 안기셨습니다."

애석하게도 언론 매체들은 패럴 추기경의 메시지 뒷부분까지 전달하는 것을 잊은 것 같았다.

"프란치스코 교황님은 평생 주님과 교회를 섬기는 데 헌신하셨습니다. 가장 가난하고 소외된 이들을 위해 충실함과 용기, 보편적 사랑으로 복음의 가치를 실천하라고 우리에게 가르쳐 주셨습니다. 주 예수님의 참된 제자로서 몸소 보여 주신 그분의 모범에 깊이 감사드립니다. 삼위일체 하느님의 무한하고 자비로우신 사랑에 그분의 영혼을 맡겨 드립니다."

프란치스코 교황은 임종 전날 성 베드로 대성전 발코니에서 온 세상을 향해 교황 강복을 주었다. 그래서 부활 팔일 축제 월요일 이른 아침에 접한 교황의 선종 소식은 더욱 큰 슬픔으로 다가왔다. 2013년 3월 13일 교황 선출 직후 발코니에 처음으로 모습을 드러내며 "형제자매 여러분, 좋은 저녁입니다!"라고 다정하고 친근하게 인사했던 지난날을 회상이라도 하듯, 임종 전날 교황은 "형제자매 여러분, 부활을 축하합니다."라는 짧은 인사로 힘겹게 말을 이었다. 2025년 4월 20일 주님 부활 대축일에 전임 교황은 이미 호흡이 가빴다. 어쩔 수 없이 교황청 전례원장이 교황의 부활 메시지를 대독代讀했다.

"친애하는 형제자매 여러분, 주님 부활 안에서 죽음과 생명이 놀라운 싸움을 벌였습니다. 그러나 이제 주님께서는 영원히 살아 계시며, 우리에게도 확신을 심어 주십니다. 우리 또한 영원히 사라지지 않을 생명, 더 이상 무기의 굉음과 죽음의 메아리가 들리지 않는 생명에 참여하도록 초대받았다는 확신을 주십니다. 모든 것을 새롭게 하실 수 있는 유일하신 분께 우리 자신을 온전히 맡겨 드립시다!"

교황과 하느님 백성, 프란치스코 교황의 표현을 빌리자면 '양 냄새 나는 목자'와의 마지막 만남이었던 셈이었다. 전임 교황은 의전 차량에 올라 마지막으로 성 베드로 광장을 둘러본 뒤 한 어린이를 꼬옥 안아 주었다. 교황은 육체적 고통으로 수척해 보였으며 무표정했다. 마치 몇 주 전 사순 시기에 시작한 십자가의 길 마지막 관문을 몸소 보여 주는 것 같았다.

교황은 임기 중 여러 차례 수술을 받았지만, 건강 상태가 계속 나빠졌고, 마지막을 향해 갈 즈음에는 양측성 폐렴으로 38일 동안 제멜리 병원에 입원해 있었다. '복합적 임상 상황'이라고 적힌 진료 결과서에 따르면 교황의 건강 상태는 매우 비관적이었다. 퇴원 후 교황이 정상적인 업무에 복귀하기까지 한 달 정도 걸렸지만, 의학적으로는 최소 두 달 정도의 회복 기간이 필요했다. 일각에서는 이 같은 복귀를 두고 '교황이 일상으로 돌아오고 싶어 했다.'라고 풀이하기도 했다.

교황은 휴식을 취하라는 의료진의 권고에도 퇴원 후 몇 차례 대중 앞에 모습을 드러냈다. 수단도 입지 않고 검은 바지와 담요만 걸친 채 휠체어에 겨우 몸을 지탱하며 성 베드로 대성전으로 들어갔다. 프란치스코 교황은 21세에 폐 일부를 제거하는 수술을 받은 이후, 자신의 건강 상태뿐 아니라 약함까지 숨기지 않았다.

교황은 결국 12년에 걸친 교황 재위 기간 동안 머물렀던 산타 마르타의 집에서 선종했다. 임종 당일 공식적으로 발표된 사인은 '뇌졸중과 그에 따른 심부전'이었다.

현실적으로 요한 바오로 2세 성인 교황의 고통스러운 임종과 베네딕토 16세 교황의 사임 이후, 프란치스코 교황 역시 교황직에서 사임해야 하는 것 아니냐는 질문이 여기저기서 제기되었다. 이에 대해 프란치스코 교황은 2025년 1월에 출간된 교황 공식 자서전 《희망》에서 다음과 같이 털어놓은 바 있었다.

"수술을 받는 중에도 교황직 사임을 고려해 본 적이 없습니다."

뿐만 아니라 프란치스코 교황은 교회에 봉사할 수 없게 될 경우를 대비하여 2013년에 미리 사임서를 써 놓았으며, 2022년에 그 내용을 공개한 바 있다.

교황은 자신을 비방하는 이들에게 "우리는 무릎이 아니라 머리로 통치합니다."라고 일침을 놓았다. 교황은 가능한 많은 활동과 지속적인 사목 방문을 원했다. 하지만 유언을 통해 선종 전 지난 몇 년은 실로 고통스러웠다고 심경을 밝혔다.

"제 삶 후반부에 나타난 고통은 세계 평화와 민족 간의 형제애를 위해 주님께 올리는 봉헌 예물입니다."

프란치스코 교황의 유언

2022년 6월 29일, 성 베드로와 성 바오로 사도 대축일에 작성된 프란치스코 교황의 유언장에는 그분의 마지막 뜻이 담겨 있었다. 유언장에는 전임 교황들과 달리 성 베드로 대성전이 아닌 산타 마리아 마조레 대성당Basilica di Santa Maria Maggiore에 안장되기를 바라는 마음과 더불어, 장례 비용 또한 바티칸이 아닌 기부자가 부담할 것을 분명히 밝혔다. 이는 2013년 콘클라베에서 신임 교황으로 막 선출된 베르골료 추기경이 로마에서 사용한 방값을 직접 계산한 일화를 떠올리게 한다.

프란치스코 교황 선종에 대한 수많은 반응 가운데 죽음에 직면한 한 인간의 고요한 감정을 포착하기에 충분한 몇 가지를 추려보았다. 프랑스 대통령 에마뉘엘 마크롱은 '평생에 걸쳐 보다 큰 정의와 인류애, 형제애를 위해 투쟁한 한 인간의 소명'을 강조했다. 그리고 프랑스 파리대교구장 로랑 울리히Laurent Ulrich 대주교는 다음과 같은 반응을 내비쳤다.

"프란치스코 교황님은 말씀만큼이나 행동에서도 자유로우셨습니다. 우리가 움직이기를 원하셨어요. 경제적 풍요와 특히 유럽의 경우 안정적으로 자리 잡은 교회에 대한 소속감 때문에, 자칫하면 빠져들 수 있는 무기력함으로부터 우리를 구출하려고 하셨습니다. 당신 가르침을 통해 교황님은 그리스도 사랑의 메시지 안에 담긴 현실성과 아름다움, 그리고 비타협성을 재발견하도록 이끄셨지요. 교황님은 우리에게 봉사 정신과 선교 사명을 다시 일깨우고자 하셨습니다."

한편 프랑스 마르세유대교구장 장 마르크 아블린 추기경은 이렇게 강조했다.

"프란치스코 교황님은 최근 몇 달 동안의 건강 악화에도 영향력과 존재감을 잃지 않으셨습니다. 오히려 그 반대였지요. 우리는 교황의 마지막 순간들을 오랫동안 기억할 것입니다. …… 약함과 병마에 맞서 싸우는 중에도 마지막 교황 강복을 주셨지요. 몸은 비록 고통스러워도 영혼의 선교사이셨고, 몸짓은 비록 경직되어도 마음만은 활짝 열려 계셨습니다."

며칠 동안 슬픔과 비통이 남아 있었다. 끊길 줄 모르는 신자들의 조문 행렬은 위엄 있고 평화로워 보였다. 성 베드로 대성전 앞에 교황의 유해가 모셔질 때 조문객들은 먼 곳에서 온 아르헨티나 교황에게 경의를 표했다.

2025년 4월 26일 토요일, 성 베드로 광장에서 장례 미사가 거행되었다. 눈부신 햇살 아래 전 세계에서 온 사절단과 추기경단, 750여 명의 주교단과 사제단, 그리고 30만 명의 신자들이 성 베드로 광장과 콘칠리아치오네 거리Via della Conciliazione로 모였다. 추기경단 단장 조반니 바티스타 레Giovanni Battista Re 추기경은 장례 미사를 집전하며 "프란치스코 교황님은 모든 이에게 열린 마음을 지니셨고, 사람들 곁에서 함께하는 교황이었습니다."라고 강론했다. 로마에서 가장 오래된 산타 마리아 마조레 대성당 내부, 프란치스코 교황의 무덤 앞에는 추모 행렬이 며칠 동안 이어졌다.

한편 제266대 교황의 후임자 선출은 로마 추기경단 총회에서 이미 준비하고 있었다. 80세 이상 추기경들은 콘클라베에서 투표권은 없지만, 사전 회의 전체 토론에는 참석할 수 있었다. 첫 번째 사전 회의에서는 시급하게 해결해야 할 사안들과 프란치스코 교황 장례 조직 등을 의제로 상정했다. 두 번째 회의는 2025년 가톨릭교회가 필요로 하는 교황 이미지에 집중했다. 이 사전 회의 동안 추기경들은 한 명씩 발언할 기회를 얻었다. 2013년 콘클라베의 경우, 바로 이 사전 회의에서 베르골료 추기경이 깊은 인상을 남겼다고 전해진다.

 사전 회의에서는 비밀 유지 의무를 엄격히 준수해야 한다. 각각의 추기경은 발언과 의견 개진, 교황 선출과 교회의 미래에 대한 바람을 표현할 수 있다. 교황청 공보실은 세부 사항을 공개하지 않으면서도 사전 회의에 관한 대략적인 정보만을 제공한다. 프란치스코 교황 선종 이후 추기경들은 신임 교황 선출을 준비하며 다양한 주제에 관해 차례대로 발언했다고 전해진다. '교회 내 친교와 세상 속 형제애', '교회 간 협력과 연대', '교황과의 관계에서 교황청의 역할', '평화를 추구하는 교황과 교회의 봉사 직무', '교육의 가치' 등 여러 의제가 다루어졌다.

 보도자료에 따르면, 추기경단은 차기 교황이 '예언자적'이기를 바랐다. 또한 '온실 속에 갇혀 있지 않고 희망에 목말라하는 이 세상에 빛을 가져다 주는 교회'로 이끌어 주기를 원한다고 밝혔다. 덧붙여 2025년 정기 희년의 중요성도 상기시켰다고 전해진다.

 "차기 교황은 용기와 온유함으로 교회의 무게를 짊어져야 합니다. 현대의 도전 과제들 앞에 두려움 없이 나아가야 합니다. 또한 모든 이에게 주님 자비의 친밀함을 드러내는 살아 있는 표징이 되어야 합니다. 교회는 이 땅의 작은 이들을 향해 눈과 마음을 활짝 여는 데 소홀하지 않을 것입니다."

베네딕토 수도회 소속이자 바티칸 외곽에 있는 성 바오로 수도원 대수도원장인 도나토 올리아리Donato Ogliari 아빠스의 발언은 외부에도 영향을 미쳤다. 아빠스가 추기경단의 성찰을 이끌며 차기 교황이 지녀야 할 영적 차원과 막중한 책임을 정확히 짚었기 때문이다. 그때까지 자신의 선출을 알지 못했을 프레보스트 추기경은 아빠스의 이야기를 경청했을 것이다.

프란치스코 교황의 유언

지극히 거룩하신 삼위일체의 이름으로. 아멘.

저의 지상 생활에 황혼이 다가오고 있음을 느끼며 영원한 생명에 대한 생생한 희망으로, 제가 묻힐 장소에 관한 유언만 남기려 합니다.

저는 항상 저의 삶과 사제직과 주교직을 우리 주님의 어머니이신 지극히 거룩하신 성모님께 맡겨 왔습니다. 그러므로 부활의 날을 기다리며 저의 유해가 산타 마리아 마조레 대성당에 안치되었으면 좋겠습니다.

저의 마지막 지상 여정이 오래된 성모 성지에서 마무리되기를 바랍니다. 저는 사목 방문을 시작할 때와 마칠 때 그곳에 가서 기도했습니다. 원죄 없이 잉태되신 어머니께 제 모든 원의를 믿음을 다해 맡겨드렸고, 마리아의 온유하고 모성적인 돌보심에 감사드렸습니다.

첨부 자료에 표시된 대로, 산타 마리아 마조레 대성당 바오로 경당 (또는 살루스 포풀리 로마니Salus Populi Romani 경당)과 스포르차 경당 사이 측방 통로 틈새에 제 무덤을 마련해 주시기를 부탁드립니다.

관은 땅속에 묻혀야 하며, 특별한 장식 없이 간소하게 '프란치스코'라는 비문만 새기면 좋겠습니다. 제 무덤을 준비하는 데 지출될 비용은 후원자가 기부한 금액으로 충당할 것입니다. 이 금액에 대해서는 리투아니아 출신, 산타 마리아 마조레 대성당 공동 대사제 롤란다스 마크리카스Rolandas Makrickas 대주교님에게 미리 적절한 지시를 내렸습니다.

저를 사랑해 주시고 저를 위해 계속 기도해 주시는 분들에게 주님께서 마땅한 상을 내려 주시기를 바랍니다. 제 삶 후반부에 나타난 고통은 세계 평화와 민족 간의 형제애를 위해 주님께 올리는 봉헌 예물입니다.

2022년 6월 29일, 산타 마르타의 집에서
프란치스코

6장
역사가 가르쳐 준 교훈

베드로 사도의 제267대 후임자로 레오 14세 교황이 선출되었다. 새로운 로마의 주교를 선출하는 이 콘클라베는 비밀 투표로 진행되었다. 교황 선출 과정이 어떻게 진행되었고, 유권자 추기경단이 시스티나 경당 안에서 문을 걸어 잠근 채 어떻게 지냈는지는 차차 알게 될 것이다.

차기 교황 선출 과정에 대한 질문과 궁금증은 단순한 호기심 때문만이 아니다. 어떤 인물이 동료 추기경단의 신뢰를 얻었는지, 교회의 방향성은 무엇인지, 그리고 신임 교황이 어떤 정책을 펼칠지 파악할 수 있는 좋은 기회이기 때문이다. 시간이 지날수록 선거들의 정황과 윤곽이 서서히 드러난다. 과거 콘클라베를 통해 유력한 교황 후보자들이 어떻게 두각을 나타냈으며, 때로는 대중의 소문과 다른 양상이 어떻게 펼쳐졌는지도 짐작해 볼 수 있다.

교황 선출은 과연 어떻게 진행되었을까? 먼저 추기경들의 발언이 끝나면, 바티칸 기자들이 가설을 세우고 이를 검증한다. 콘클라베에 대해 조금 더 아는 것은 새 교황의 모습을 미리 그려 보는 방법이 될 수 있다. 비밀 투표로 진행되는 교황 선출 과정은 결국 교회의 건강 상태를 진단하고 추기경단의 결속력을 드러낸다. 이는 어떤 인물이 교황으로 선출될지 어느 정도 예고하기 때문이다. 역대 교황들의 선거가 이를 잘 보여 준다.

먼 곳에서 온 프란치스코 교황

2013년 3월 12일부터 13일까지 열린 콘클라베에서 호르헤 마리오 베르골료Jorge Mario Bergoglio 추기경은 첫 투표부터 안젤로 스콜라Angelo Scola 추기경 그리고 마르크 우엘레Marc Ouellet 추기경과 치열한 접전을 벌이며 앞섰다는 소식이 알려졌다. 아르헨티나 부에노스아이레스대교구장이었던 그는 세 번째 투표에서 약 50표, 네 번째 투표에서 67표를 얻은 것으로 추정된다.

콘클라베 진행 중에는 여러 가지 사소한 사건들이 일어난다. 2013년에는 교황 선출로 이어져야 할 다섯 번째 투표가 취소된 일이 있었다. 선거인단이 116번째 백지 투표용지를 집계했기 때문이다. 여섯 번째 최종 투표에서 베르골료 추기경은 90표(다른 자료에 따르면 85표)를 얻어 선출된 것으로 분석되는데, 당시 교황으로 선출되기 위해서는 최소 77표가 필요했다.

전날 시작된 콘클라베는 온종일 투표를 진행한 다음 마무리되었다. 오후 7시가 조금 지나 하늘 위로 솟아오른 흰 연기는 새 교황이 선출되었음을 알렸다. 아르헨티나 출신 추기경은 프란치스코라는 이름을 사용했다.

합리적 후임자 베네딕토 16세 교황

2005년 4월 18일, 고인이 된 요한 바오로 2세 성인 교황의 후임자를 선출하기 위해 시스티나 경당 문이 굳게 닫혔다. 요한 바오로 2세 성인 교황은 26년 넘게 교회를 이끌었기에, 추기경단 대부분은 전임 교황에게 빚을 졌고 콘클라베 경험이 있는 추기경은 극소수에 불과했다.

투표는 이틀에 걸쳐 네 차례 진행되었다. 2005년 4월 18일 저

녘에 피어오른 검은 연기는 첫 투표가 부결되었음을 알렸다. 다음 날 오후 5시 56분에 마침내 흰 연기가 보였다. 베네딕토 16세라는 이름을 선택한 요제프 알로이지우스 라칭거Joseph Aloisius Ratzinger 추기경이 새 교황으로 선출된 순간이었다.

2005년 콘클라베의 신속한 진행 과정이 외부에 알려지는 데는 그리 오랜 시간이 걸리지 않았다. 그해 9월 한 추기경에 따르면, 아르헨티나 출신 베르골료 추기경이 의외로 많은 표를 얻는 바람에 독일 출신 라칭거 추기경이 교황으로 선출되는 데 시간이 더 걸렸다고 한다. 이 소식통에 의하면, 라칭거 추기경은 첫 투표에서 47표를 얻었다. 3분의 2 이상 과반수를 얻으려면 77표가 필요했다. 반면 베르골료 추기경은 대략 10표 정도에 그쳤고, 이탈리아 추기경들은 그보다도 훨씬 뒤처졌다. 이탈리아 밀라노대교구장을 지냈던 유력한 교황 후보자인 카를로 마리아 마르티니Carlo Maria Martini 추기경은 자신이 파킨슨병을 앓고 있다는 사실을 숨기지 않아 거의 표를 얻지 못했다.

2005년 4월 19일 오전에 시작된 두 번째 투표에서는 라칭거 추기경을 저지하려는 개혁파의 공세가 강화되었다. 이때 라칭거 추기경은 65표를, 베르골료 추기경은 35표를 얻었다. 세 번째 투표에서 아르헨티나 추기경은 40표로 전체 득표수의 3분의 1을 넘으며 소수파에 진입했다. 반면 라칭거 추기경은 72표를 얻어 새 교황으로 선출되는 데 불과 5표만 남은 상황이었다. 그때 베르골료 추기경은 교황 후보자 사퇴를 선언했다. 그는 마르티니 추기경과 함께 라칭거 추기경을 설득하여 교회를 위한 추기경단의 일치와 결속력을 재확인했다. 이 대목에서 콘클라베 동안 선거인 추기경단 안에서의 대화와 협상, 그리고 교황 후보자 개인의 특징뿐만 아니라 교회의 방향성까지 고려해야 한다는 교훈을 얻게 된다.

네 번째 투표에서 독일 추기경은 84표를, 베르골료 추기경은 28표를 얻으면서 새 교황 당선이 확정되었다. 흥미롭게도 그때까지는 아무도 다음 콘클라베에서 아르헨티나 추기경이 교황으로 선출되리라고 상상하지 못했을 것이다.

젊은 교황, 요한 바오로 2세 성인

요한 바오로 2세 성인 교황의 선출은 더욱 힘들고 고단한 여정이었다. 지난 콘클라베 이후 두 달도 채 되지 않아 다시 모인 추기경단에게는 큰 걱정거리가 있었다. 1978년은 바오로 6세 성인 교황, 요한 바오로 1세 복자 교황, 요한 바오로 2세 성인 교황까지 이렇게 세 분이 차례로 교황직에서 봉사한 해였기 때문이었다.

1978년 9월 28일, 요한 바오로 1세 복자 교황이 갑작스럽고 예상치 못하게 선종했다는 소식이 들려왔다. 그러고 나서 1978년 10월에 콘클라베가 다시 소집되었다. 추기경단은 같은 해 8월 25일에 이미 요한 바오로 1세를 교황으로 선출했는데, 불과 6주 만에 교황 선출 투표를 또 한 번 치르게 된 것이다.

1978년 10월 14일, 요한 바오로 1세 복자 교황의 장례 미사 후 열흘이 지났을 때 시스티나 경당 문은 다시 굳게 닫혔다. 그러나 얼마 지나지 않아 그 안에서 무슨 일이 벌어졌는지 서서히 드러났다. 이탈리아 제노바대교구장이며 보수파로 분류되는 주세페 시리Giuseppe Siri 추기경은, 개혁파로 평가받는 이탈리아 피렌체대교구장 조반니 베넬리Giovanni Benelli 추기경과 치열한 접전을 벌였다. 베넬리 추기경은 전임 요한 바오로 1세 복자 교황의 노선에 가까웠지만, 양 진영 간의 경합은 박빙으로 상당히 과열된 양상을 띠었다. 그 결과, 3분의 2 이상 과반수를 차지하기는 사실상 어려운 상황이 연출되었다.

이때 오스트리아 프란츠 쾨니히Franz König 추기경의 영향력 덕분에 카롤 보이티와Karol Wojtyla 추기경이 협상 카드로 제시되었다. 콘클라베 셋째 날, 여덟 번째 투표에서 폴란드 크라쿠프Kraków 대교구장이었던 카롤 보이티와 추기경은 선거인 추기경단 111명 가운데 99표를 얻었다. 요한 바오로 2세라는 이름과 함께 새 교황으로 선출된 순간이었다. 오후 6시 18분, 시스티나 경당 굴뚝에서 흰 연기가 피어오르며 새로운 교황의 탄생을 전 세계에 알렸다.

네 번째 투표로 선출된 요한 바오로 1세 복자 교황

1978년 8월 콘클라베는 이탈리아 베네치아의 총대주교 알비노 루치아니Albino Luciani 추기경을 요한 바오로 1세 교황으로 선출했다. 제2차 바티칸 공의회[17] 이후 처음 열린 콘클라베였고, 전임 바오로 6세 성인 교황의 뜻에 따라 80세 이상의 추기경들이 투표에서 제외된 채 치러진 첫 번째 콘클라베이기도 했다. 요한 바오로 1세 복자 교황은 이 새로운 방식에 따라 선출된 최초의 교황이다.

당시 콘클라베는 여러 면에서 어려운 시기에 개최되었다. 바오로 6세 성인 교황이 교회를 어떻게 이끌어야 할지 확신하지 못할 만큼 기진맥진하셨기에, 후임 교황에게 거는 기대가 높을 수밖에 없는 상황이었다. 1978년 8월 25일부터 26일, 이탈리아의 무덥고 습한 여름 날씨와 불편한 환경 속에서도 어김없이 시스티나 경당에서 콘클라베가 개최되었다.

---

[17] 요한 23세 성인 교황은 1962년부터 1965년까지 제2차 바티칸 공의회를 열었다. 21번째 보편 공의회는 교회가 시대에 맞춰 '쇄신하고 적응aggiornamento'하며 세상을 향해 문을 열기 위해 소집되었다.

토론 초반부터 이탈리아 추기경들이 주도권을 잡았다. 보수 진영에서는 제노바대교구장 주세페 시리 추기경이, 진보 진영에서는 피렌체대교구장 조반니 베넬리 추기경이 선두주자로 나섰다. 마치 같은 해 10월에 열릴 콘클라베의 리허설을 미리 보는 듯한 느낌이었다고 전해진다. 교착 상태에 빠지자 유권자 추기경단의 시선은 알비노 루치아니 추기경에게로 쏠렸고, 네 차례에 걸친 투표 끝에 마침내 신임 교황으로 선출되었다. 요한 바오로 1세 복자 교황은 타협점과 같은 인물이었다.

콘클라베 이튿날 오후 6시 24분, 시스티나 경당 굴뚝에서 흰 연기 기둥이 솟아올랐다. 하지만 당시 성 베드로 광장에 모인 군중들은 한 시간 넘게 연기 색깔을 식별할 수 없었다고 한다. 곧이어 '미소의 교황'이라 불리게 될 요한 바오로 1세 교황이 성 베드로 대성전 발코니에 모습을 드러냈다. 그리고 군중의 환호를 받으며 다시 두 번째로 모습을 비췄다.

알비노 루치아니 추기경이 요한 바오로 1세 교황으로 선출된 콘클라베 상황이 추후에 공개되었다. 그가 얼마나 많은 표를 받았는지 추정하는 것 외에 객관적이고 공신력 있는 분석을 확보하기는 어려웠다. 첫 투표에서 선거인 추기경단 111명 중 23표를 얻은 베네치아 총대주교는 예상보다 한참 뒤처져 있었다고 전해질 뿐이다. 네 번째 투표는 급기야 찬반 투표로 전환됐고, 투표 방식에 따라 96표, 99표, 심지어 102표까지 집계되었다. 65세의 나이로 당선된 새 교황은 "여러분이 저지른 잘못을 하느님께서 용서해 주시기를 바랍니다."라고 말했다. 아마 요한 바오로 1세 복자 교황은 엄청난 부담을 느꼈던 것 같다. 1978년 8월의 콘클라베가 끝나고 33일이 지난 그해 9월, 네 번째 투표로 선출된 젊은 교황은 잠자던 중에 안타까운 임종을 맞이했다.

7장

전 세계에서 모인 추기경단

 전 세계에서 모인 추기경단은 교황을 선출한다. 어떤 의미로 그들이 후임 교황을 선택한 것이라 해도 과언이 아닐 것이다. 선거인단은 침묵을 지켜야 하지만, 추기경 한 분 한 분의 인물상을 꼼꼼히 따져 종합해 보면 시스티나 경당 안에서 무슨 일이 벌어졌는지 어느 정도는 가늠해 볼 수 있다. 교황 선출은 엄격한 절차에 따라 이루어졌을 뿐 아니라, 여기에 참석한 모든 추기경은 비밀을 지켜야 한다.

 한편 프란치스코 교황은 임기 중 추기경단의 개혁과 쇄신을 감행했다. 하지만 이 추기경단이 차기 교황 선출에서 무엇을 중요하게 생각하고 고려했는지 정확히 밝히는 것은 사실상 어렵다. 추기경단은 시스티나 경당에서 열린 토론 내용을 공개하지 말아야 할 의무가 있기 때문이다. 교황 후보자가 선거인단의 3분의 2, 즉 2025년 콘클라베의 경우 89표를 얻기 전까지 어떤 추기경이 득표했고 어떤 투표 결과가 나왔는지 아무도 말할 수 없다. 그러나 이제 주사위는 던져졌다. 신성한 유권자 추기경들 사이의 균형을 통해 교회적 감수성과 출신 지역, 연령 등 어떤 요소가 교황 선출 과정에서 결정적이었을지 분석하고 판별하는 일이 남아 있다.

프란치스코 교황의 임기 동안 대다수 추기경이 서임되었다. 이는 콘클라베 선거인단 구성원이 확실히 변화되었음을 의미하며, 그 이상의 영향력까지 고려해 볼 만하다. 전임 교황의 추기경 서임에서 특이 사항은, 바티칸 고위 성직자들보다 현장 경험이 많은 전문가, 곧 교구 사목자에게 관심을 기울였다는 점이다. 교황이 소집한 열 번의 추기경평의회는 추기경을 163명가량 배출했다. 프란치스코 교황이 임종한 날을 기준으로, 역대 교황들이 선발하고 당시까지 생존해 있는 추기경단은 총 252명에 이른다.

분석가들이 이미 강조한 것처럼, 80세 미만인 133명의 선거인 추기경단 가운데 프란치스코 교황이 서임한 사람은 105명이다. 결과적으로 이분들은 유권자 추기경단의 79.6%를 차지한다. 반면 베네딕토 16세 교황이 뽑은 추기경은 22명, 즉 16.8% 정도이며 요한 바오로 2세 성인 교황이 선발한 추기경은 5명, 즉 3.6%뿐이다. 따라서 프란치스코 교황이 선출되었던 2013년 콘클라베와 레오 14세 교황이 선출된 2025년 콘클라베에 모두 참석한 것으로 조사되는, 소위 말해 유경험자 추기경은 고작 27명 뿐이었다.

이처럼 2025년 콘클라베 선거인단 구성원 가운데 절대다수는 프란치스코 교황이 선발한 추기경들이다. 그러나 주교직을 상징하는 자주색 수단을 입은 이들 사이에서도 다양한 이력 및 개성을 고려한다면, 이 같은 수치가 반드시 의미가 있다고 단언할 수는 없을 것이다. 물론 전임 교황에게 빚을 져서 특별히 그분을 존경하는 추기경들이라면, 아르헨티나 교황 노선의 후보자를 지지하는 것이 충분히 납득될 수도 있다.

한편 80세 이상인 117명의 비유권자 추기경들이 모두 다 콘클라베 사전 회의에 참석한 것도 아니다. 그렇더라도 이분들의 역할을 간과해서는 안 된다. 80세 이상의 추기경들 또한 사전 회의 및 전체 토론에서 주저 없이 발언하며 각자 의견을 피력했기 때문이다. 비록 시스티나 경당 문 안으로는 들어가지 못했지만 말이다.

고령의 추기경들이 실질적으로 얼마나 큰 영향력을 행사했을까? 이를 정확히 파악할 수는 없다. 그러나 교회적 다양한 감수성이 선명하고 뚜렷하게 표출되도록 이끌었을 선배 추기경들의 역할을 아예 배제할 수는 없다. 비유권자 추기경들은 유권자 추기경들 곁에서 자신들의 과거 경험을 공유할 수 있다. 같은 국적이라든지, 같은 수도회 소속이라든지, 콘클라베 사전 회의 훨씬 이전부터 이미 잘 알고 지내던 사이라는 점 등을 예로 들 수 있다.

예를 들어, 크리스토프 쇤보른Christoph Schönborn 추기경과 조반니 바티스타 레 추기경, 마르크 우엘레 추기경과 안젤로 스콜라 추기경 같은 분들은 비록 2025년 콘클라베에서 교황 선출을 위한 투표권은 없었으나 2013년 교황 후보자로 거론된, 이른바 거물급 인사들이다. 비록 이분들이 직접 교황 선출 투표권을 행사하지는 못하더라도, 80세 미만의 유권자 추기경단에 어느 정도의 영향력을 행사할 수 있었을 것이다.

반면 이번 콘클라베 당시 또 다른 기준들도 포착할 수 있다. 이를테면, 추기경들의 출신 국가나 지역이 이에 해당한다. 남반구 출신 추기경 수가 많아짐에 따라 기존에 우위를 점했던 유럽권의 영향력이 감소된 것은 부인할 수 없는 사실이다. 그 결과, 교회 역사상 처음으로 유럽 출신 선거인 추기경단이 절반도 차지하지 못하게 되었다. 베네딕토 16세 교황을 선출한 2005년 콘클라베의 경우 유럽권 추기경은 55명이었고, 프란치스코 교황을 배출한 2013년 콘클라베에서 유럽권 선거인단은 53명이었다. 2013년에 교황청 출신 이탈리아 추기경이 28명이었던 반면, 2025년 콘클라베에서는 17명의 추기경만이 이탈리아 출신이었다는 것과 극명하게 비교되는 대목이다. 즉, 레오 14세 교황 선출을 위한 투표권이 주어진 유권자 추기경단 가운데 18명의 아프리카 출신, 21명의 남아메리카 출신, 23명의 아시아 출신, 16명의 북아메리카 출신으로 분포 비율을 정리할 수 있다.

추기경단 구성을 조금 더 면밀하게 분석해 보자. 프란치스코 전임 교황이 선택한 새로운 추기경들은 숫자 면에서 대륙 간 균형을 크게 무너뜨리지 않았다. 그러나 출신 국가를 기준으로 추기경단 구성이 다양화된 것은 분명하다. 전 국민의 23%가 가톨릭 신자인 모리셔스와 불과 1,500명의 신자를 보유한 몽골, 그리고 남수단과 알제리 같은 소규모 교회들을 포함하여 71개 국가 대표들이 실제로 선거인 추기경단 회의에 참석했다. 물론 프란치스코 교황이 주교를 추기경으로 서임할 때 이 통계가 큰 영향을 미치지 않았다는 사실을 우리는 잘 알고 있다. 이 같은 통계 수치를 논외로 하더라도, 언어와 문화, 심지어 교회 생활 등을 기준으로 폭넓은 다양성이 잘 드러난다. 이는 콘클라베에 참석한 유권자 추기경들에게 하나의 도전 과제처럼 느껴졌을 것이다.

콘클라베에 참여한 프랑스 추기경들을 언급해 보자. 먼저 가장 풍부한 경험을 한 인물은 필립 바르바랭Philippe Barbarin 추기경이다. 전임 리옹대교구장은 2002년 요한 바오로 2세 성인 교황에 의해 추기경으로 서임된 이후, 2005년과 2013년 콘클라베에 참여했다. 한편 교황청 외교부 장관을 지냈고 교황청 사도좌 대법원 대심법원장인 73세의 도미니크 맘베르티 추기경은 교황청 내부 사정 및 살림살이까지 속속들이 잘 알고 있다. 2015년에 프란치스코 교황이 추기경으로 서임한 인물이다.

게다가 프란치스코 수도회 소속이며 아작시오교구장인 프랑수와 자비에 부스틸로 추기경은 올해로 56세이다. 프랑스 추기경들 가운데 가장 젊다. 2023년 9월에 프란치스코 교황에 의해 추기경으로 임명되었다. 66세인 장 마르크 아블린 마르세유대교구장은 2022년에 추기경이 되었으며, 2025년 프랑스 주교회의 춘계 정기총회를 통해 주교회의 의장직을 맡게 되었다. 프란치스코 교황은 부스틸로 추기경과 아블린 추기경의 교구를 방문한 적이 있다. 전임 교황은 2023년 9월 22일부터 23일까지 마르세유에, 2024년 12월 15일에 코르시카 섬을 사도 순방했다. 프란치스코 교황이 '지중해의 아름다운 섬'으로 불리는 코르시카에 들렀던 것은 이탈리아 밖 47번째이자 마지막 사목 방문이었다.

2025년 콘클라베를 위한 선거인 추기경단의 통계 수치는 다음과 같다.

아프리카 17개 나라에서 18명의 추기경.

북아메리카 3개 나라에서 16명의 추기경(미국 10명).

남아메리카 12개 나라에서 21명의 추기경(브라질 7명, 아르헨티나 4명).

아시아 17개 나라에서 23명의 추기경.

유럽 18개 나라에서 53명의 추기경(이탈리아 17명, 스페인과 프랑스 5명).

오세아니아 4개 나라에서 4명의 추기경.

신임 교황 선출 투표권을 가진 유권자 추기경단 135명 가운데 유럽 53명, 아시아 23명, 중앙아메리카와 남아메리카 21명, 아프리카 18명, 북아메리카 16명(미국 출신 10명 포함), 오세아니아 4명으로 분포가 집계되었다. 콘클라베 역사상 유럽계 추기경들이 과반수를 차지하지 못한 것은 이번이 처음이다.

2025년 콘클라베가 열리기 며칠 전, 선거인 추기경단 두 분이 건강상의 이유로 투표에 불참한다는 공지가 접수되었다. 스페인 출신으로 전임 발렌시아대교구장인 안토니오 카니사레스 요베라 Antonio Cañizares Llovera 추기경과 케냐 출신으로 전임 나이로비대교구장인 존 은주에John Njue 추기경이었다. 이에 따라 2025년 콘클라베를 위해 모인 선거인 추기경단은 아프리카 17명, 유럽 52명 등 최종적으로 133명으로 축소되었다.

한편, 신임 교황 선출을 위한 또 다른 기준은 바로 수도회 소속 여부였던 것 같다. 덕망 있고 유력한 교황 후보자가 될 수 있었던 룩셈부르크대교구장 장 클로드 헐러리히Jean-Claude Hollerich 추기경은 예수회 소속이다. 그런데 전임 프란치스코 교황처럼 혈러리히 추기경이 예수회 회원이라는 점이 교황 후보자가 되기에는 불리한 요소로 작용하지 않았을까? 그 밖에도 전체 선거인단에서 33명의 추기경은 18개 수도회 소속이다. 살레시오 수도회가 5명으로 가장 많고, 프란치스코 수도회 4명과 예수회 4명이 그 뒤를 잇는다.

이 대목에서 신임 교황의 나이 문제를 거론해야 할 것이다. 추기경단은 이 사안에 대해 신중히 고려하고 충분한 검토를 거쳤을 것이다. 다시 말해, 젊은 교황과 연세가 많은 교황 사이의 장단점을 토론했을 것이다. 85세에 사임한 베네딕토 16세 교황의 사례는 교황들의 '은퇴' 가능성에 관한 담론을 열어 놓았기 때문이다. 프란치스코 교황도 사임에 관해 언급한 적이 있다. 물론 그분은 교황직 재임을 거부했다.

역대 교황들이 선종한 나이를 기준으로 살펴보자. 바오로 6세 성인 교황은 80세, 요한 바오로 2세 성인 교황은 84세, 그리고 베네딕토 16세 교황은 95세, 프란치스코 교황은 88세에 선종했다. 어느 정도 나이가 되었을 때, 특히 80대에 짊어져야 하는 교황직은 한 사람에게 너무나 무겁고 감당하기 힘든 멍에는 아닐까?

반대로 58세에 선출된 요한 바오로 2세 성인 교황처럼 상대적으로 젊은 교황을 선출하는 것은 긴 시간 동안 교황직에서 봉사해야 함을 의미한다. 65세에 세상을 떠난 요한 바오로 1세 복자 교황의 사례는 안타깝지만, 상대적으로 나이가 많은 교황의 사례와는 정반대일 것이다.

이러한 다양한 요소와 기준이 콘클라베에 참석한 유권자 추기경단의 투표를 결정했을 것으로 짐작된다. 물론 교황의 전형적인 모습은 매우 복합적이다. 그래서 어떤 부분이 교황 선출 투표에 결정적 변수로 작용했을지 파악하는 것은 매우 어렵다는 사실을 받아들여야 한다.

"콘클라베가 어찌 되었든, 교황을 선발하는 분은 언제나 성령이십니다."라는 프랑스 철학자 블레즈 파스칼Blaise Pascal의 말을 곱씹어 볼 만한 이유이다.

로버트 프랜시스 프레보스트 추기경에서 레오 14세 교황이 되기까지

복음을 선포한다는 것

우리에게 우선순위가 무엇이며 앞으로 닥쳐올 도전 과제는 무엇인지 하나하나 따져 봅니다. 예를 들어, 이탈리아와 스페인, 미국과 페루, 중국의 시급한 상황이 모두 똑같다고 할 수 없습니다. 그러나 단 한 가지 예외가 있다는 것을 알아야 합니다. 이는 그리스도께서 우리에게 복음을 선포하라고 남겨 주신 과제입니다. 복음을 선포한다는 것은 전 세계 어디에서나 똑같이 주어진, 교회의 본질적 사명이기 때문입니다.

2023년 9월 30일
성 아우구스티노 수도회 정기간행물에서
로버트 프랜시스 프레보스트 추기경

하느님 말씀에 귀 기울이는 우리

우리 가운데 계신 부활하신 그리스도께서는 교회를 지켜 주시고 이끌어 주십니다. "성령을 통하여 우리 마음에 부어 주신"(로마 5,5) 그 사랑으로 교회가 끊임없이 희망 안에서 되살아나게 해 주시는 분이십니다. 하느님께서는 천둥소리나 지진보다 "조용하고 부드러운 소리"(1열왕 19,12), 또는 '침묵 가운데 가녀린 음성'으로 우리와 소통하시며 당신을 드러내십니다. 이 점을 기억하면서 하느님의 음성과 말씀에 귀 기울이는 청자가 되는 것, 그리고 그분 구원 계획을 충실히 전하는 사제가 되는 것은 우리에게 맡겨진 사명입니다. 이것이 바로 우리가 잊어서는 안 될 중요한 만남이며, 우리에게 맡겨진 거룩한 하느님 백성을 가르치며 동반해야 할 사명입니다.

〈복음의 기쁨〉으로 거듭나는 신앙의 여정

제2차 바티칸 공의회 이래 보편 교회가 수십 년 동안 걸어온 그 길을 오늘 우리도 온전히 따라 걷겠노라는 약속을 갱신하려 합니다. 프란치스코 교황님께서는 사도적 권고 〈복음의 기쁨 Evangelii Gaudium〉에서 제2차 바티칸 공의회의 내용을 재확인하시며 현재화해 주셨습니다. 저는 그중에서 몇 가지 본질적 요소만 짚어 보려 합니다. 복음 선포의 핵심이 그리스도라는 점, 모든 그리스도교 신앙 공동체가 선교적 관점에서 회심해야 한다는 점, 주교단과 시노달리타스 정신 안에서 성장해야 한다는 점, 교우들의 신심 같은 진정성 있고 포괄적인 신앙 감각 Sensus Fidei에 예민해야 한다는 점, 가장 작고 소외된 사회적 약자들에게 애정 어린 관심을 기울여야 한다는 점, 다양한 현실 속에서도 현대 사회와 더불어 용기와 신뢰로 대화해야 한다는 점입니다.

2025년 5월 10일
바티칸 추기경단 앞에서
레오 14세 교황

8장

매우 비밀스러운 콘클라베

콘클라베를 위해 시스티나 경당 문이 굳게 잠기는 순간부터 차기 교황 선출을 위한 투표가 진행되는 그곳에서 무슨 일이 벌어지는지 정확하게 알려진 바는 없다. 치밀하게 구성된 이 중차대한 시간이 보편 교회를 위해 어떻게 전개되었는지 짐작해 볼 수 있을 뿐이다. 현대 사회는 많은 것이 고도로 매체화되어 있지만, 교황 선거와 관련해서는 사진 한 장 유출된 적이 없다. 그러나 시간이 흐르면서 어느 정도의 정보는 세상에 알려지기도 한다.

2025년 5월 6일 화요일, 콘클라베가 열리기 하루 전날 추기경들은 사람들의 시선과 카메라를 피해 각자 숙소로 향한다. 투표를 위해 시스티나 경당에 들어가기 전, 선거인단 133명은 평온한 분위기 속에서 산타 마르타의 집 개인 방에 짐을 푼다.

이 숙소는 사실 요한 바오로 2세 성인 교황이 마련하였다. 이전 콘클라베에서 추기경단은 굉장히 협소하고 열악한 환경에서 지냈다고 한다. 프랑스 리옹Lyon대교구장이었던 알렉상드르 르나르Alexandre Renard 추기경은 1978년 요한 바오로 1세 복자 교황을 선출한 첫 번째 콘클라베를 떠올리며 이렇게 증언했다.

"군용 침대, 대야와 물병, 사무실용 탁자가 있는, 가난한 이들을 위한 이 임시 숙소는 복음을 위해 모인 추기경들께 무척 잘 어울렸어요. 엄격히 말해 우리는 완전히 고립된 상태였지요. 개인 방의 문은 밖에서 잠겨 있었고 창문은 페인트로 어둡게 칠해져 있었어요. 납으로 된 문은 방을 봉인한 것 같았고요. 물론 라디오나 신문은 꿈도 꾸지 못했습니다. 한마디로 성찰과 기도에 최적화된 피정 장소 같았다고 해야 할까요?"

프란치스코 교황은 이곳을 사무실 겸 침실, 곧 그의 업무와 생활 공간으로 삼았다. 그의 사무실과 침실은 선종과 함께 폐쇄 및 봉인된 상태다.

한편 2025년 콘클라베에 참석한 추기경단은 자신들 가운데 베드로 사도의 후임자를 선출해야 한다는 의무감과 막중한 사명감을 마음속 깊이 간직했을 것이다. 전임 교황의 선종 후부터 여러 차례에 걸친 논의를 거쳤으며, 앞으로 교회가 마주해야 할 도전 과제들을 고려하면, 새로운 교황직은 더할 나위 없이 무거운 멍에처럼 그들에게 다가왔을 것이다. 투표권을 가진 추기경들이 서로 무슨 대화를 나누었는지 우리는 알 길이 없다. 신임 교황 선출이 간단하지도, 쉬운 일도 아니라는 사실만은 확실해 보인다.

과거 콘클라베에서 클레르보의 베르나르도 성인Saint Bernard de Clairvaux의 말씀이 인용된 적이 있다. 차기 교황 선출을 앞두고 망설이며 자문을 구하는 추기경들에게 이 성인의 말씀은 명료하게 전해졌다.

"첫 번째 교황 후보자가 성인입니까? 그분은 우리 불쌍한 죄인들을 위해 주님의 기도를 바치게 하십시오. 두 번째 교황 후보자는 학자입니까? 그분은 교양 있는 책을 쓰게 하십시오. 세 번째 교황 후보자는 신중합니까? 그분이 우리를 위하여 봉사할 교황이 되게 하십시오."

콘클라베 당일 아침부터 교황 선출 예식이 본격적으로 시작된다. 추기경들은 성 베드로 대성전에 모여 콘클라베 개막을 알리는 장엄 미사 '프로 엘리젠도 로마노 폰티피체Pro Eligendo Romano

Pontifice'[18]를 거행한다. 추기경단 단장 조반니 바티스타 레 추기경은 교우들과 함께 로마 교황 선출을 위한 기원 미사를 주례한다. 투표권이 없는 비선거인 추기경들을 비롯하여 주교단, 사제단과 부제단, 수도자와 평신도, 곧 모든 그리스도인은 투표권이 주어진 선거인 추기경단 133명과 한마음이 되어 마지막으로 기도한다. 사실 교우들의 궁금증을 만족시킬 만한 부분은 콘클라베 전 몇 시간뿐이라고 해도 과언이 아니다. 새로운 교황을 뽑는 중대한 순간은 완벽한 침묵과 비밀 속에서 진행되기 때문이다.

당일 오후, 콘클라베 직전의 모습이 언론 매체를 통해 전 세계로 송출된다. 추기경단은 붉은색 수단 위에 흰색 중백의와 붉은색 모제타를 착용하고 머리에는 붉은색 사각모 비레타를 쓴다. 그리고 매우 장엄하고 엄숙한 대열을 이루어, 성가 '임하소서 성령이여Veni Creator'에 맞춰 시스티나 경당 안으로 입장한다. 천재 예술가 미켈란젤로의 걸작 '최후의 심판'으로 화려하게 장식된 시스티나 경당 천장 아래에서 추기경단은 선서를 한다.

선서의 내용은 다음과 같다.

---

18 라틴어 '미사 프로 엘리젠도 로마노 폰티피체Missa Pro Eligendo Romano Pontifice'는 '로마 교황 선출을 위한 기원 미사'라고 번역할 수 있다.

"교황 선출에 참석한 우리 모든 선거인 추기경단은 1996년 2월 22일에 요한 바오로 2세 성인 교황께서 반포하신 교황령 〈주님의 양떼Universi Dominici Gregis〉에 명기된 모든 규정을 충실하고 꼼꼼히 준수하겠노라 약속하고 서약하며 맹세합니다. 우리 가운데 누구든지 거룩하신 하느님의 섭리에 따라 로마 교황으로 선출되더라도 보편 교회의 목자인 베드로 사도의 직무Munus Petrinum를 성실하게 수행하겠습니다. 언제나 끊임없이 사도좌의 영적, 현세적 권리와 자유를 받아들이며 용감히 지킬 것을 약속하고 서약하며 맹세합니다."

추기경들은 한 사람씩 복음서 위에 손을 얹고 선서한다.

"저는 약속하고 서약하며 맹세합니다. 하느님께서는 저에게 도우심을 베푸소서. 제 손으로 만지고 있는 이 거룩한 복음서들도 저를 도우소서."

이 선서에는 콘클라베 중 이루어질 토론 내용과 각종 투표 결과를 공개하지 않겠다는 약속이 포함된다. 필기나 녹음도 허용되지 않으며, 심지어 투표 진행 중 소각된 메모조차 공개되거나 유출될 수 없다. 마지막 선거인 추기경의 선서가 끝나면 교황청 전례원장은 라틴말로 "엑스트라 옴네스Extra Omnes", 즉 "외부인 전원 퇴장"을 공포한다. 이때 콘클라베에 참석할 권한이 없는 모든 이는 시스티나 경당 밖으로 나가야 한다. 선거 기간 동안 투표권이 주어진 추기경단은 외부와의 모든 연락과 접촉을 차단하고 완전히 고립된 상태로 지낸다. 이는 교황 선출 과정이 신성하고 비밀스럽게 유지되도록 하기 위함이다. 역대 교황 선출 전통에서 유래하는 이 엄숙하고 장엄한 투표 과정은 콘클라베에 무게감을 더하기 위함만이 아니다. 오히려 체계적으로 조직된 절차 안에서 추기경 개개인의 자유를 보장하는 순기능을 한다고 보는 편이 더 나을 것이다. 콘클라베 진행 중 매 투표 전에는 추기경들에게 기도와 묵상, 토론 시간이 주어진다.

교황청 국무원 총리 피에트로 파롤린 추기경이 전체 투표 과정을 이끌었다. 첫 투표는 엄격한 절차에 따라 콘클라베 첫날 오후에 이루어졌다. 추기경들은 'Eligo in Summum Pontificem', 즉 '저는 교황으로 (   )를 선출합니다.'라고 적힌 투표용지를 받는다. 이 문구 아래 빈칸에 추기경들 각자가 선택한 교황 후보자 이름을 적고 차례대로 제대 앞으로 나와 준비된 투표 단지 안에 투표용지를 넣으며, 이런 의미의 라틴말을 큰 소리로 외친다.

"저는 저를 심판하실 주 그리스도를 증인으로 세웁니다. 저는 하느님 뜻에 따라 교황으로 선출되어야 할 사람에게 저의 표를 줍니다."

신임 교황 선출 투표는 반나절 간격으로 두 차례에 걸쳐 진행된다. 투표용지는 철저한 관리와 감독 아래 집계되는데, 예를 들면 투표용지에 바늘로 구멍을 뚫은 다음, 실로 꿰어 한데 엮는 식이다. 차기 교황이 선출될 때까지 이 모든 과정은 반복되며, 전체 선거인단 중 최소 3분의 2 이상의 득표자가 나와야 투표가 끝난다. 2025년 콘클라베의 경우 133명의 추기경단 가운데 89표를 받은 인물이 새로운 교황으로 선출될 수 있었다. 마침내 당선자가 결정되면 선거인단은 당선인 추기경에게 교황직 수락 의사를 묻는다.

"당신은 교황으로서 교회법적 선출을 수락하십니까?"

프레보스트 추기경은 라틴말로 "Accepto", 즉 "저는 수락합니다."라고 답했다고 한다. 교황직 수락에 동의를 한 당선인 추기경은 "어떤 교황명으로 불리고 싶으십니까?"라는 두 번째 질문을 받는다. 그런 다음 '눈물의 작은 방'으로 들어간다. 그 방 안에는 흰색 수단이 세 치수 정도 마련되어 있다고 한다. 시스티나 경당 옆

9m² 면적[19]의 이 공간은 역대 신임 교황들이 자신에게 무슨 일이 벌어지고 있는지 뒤늦게 깨닫고 눈물을 흘렸다고 해서 이름 붙여진 곳이다. 미리 준비된 수단과 전례복을 착용한 새 교황은 시스티나 경당으로 돌아온다.

추기경단은 드디어 새 교황에게 인사드리며, 교회의 새로운 책임자에게 순명을 맹세한다. 종종 사랑과 우정, 감격의 표시를 전하는 추기경들도 있다고 전해진다.

한편, 고전적 방식에 따라 성 베드로 광장에 모여 기다리던 군중은 바티칸 시국의 높은 담벼락 안쪽에서 무슨 일이 벌어지고 있는지 아직 알지 못한다. 모든 이의 시선은 오직 시스티나 경당 굴뚝에만 집중된다. 굴뚝에서 검은 연기가 솟아오르면 투표가 끝나지 않았다는 뜻이지만, 흰 연기는 신임 교황이 선출되었다는 기쁜 소식을 알리는 신호다. 흰 연기가 피어오르면 모든 성당의 종들은 온 힘을 다해 힘차게 울리며 전 세계로 퍼진다. 교황의 당선을 전 세계에 알리는 성 베드로 대성전의 종소리는 온 세상의 가톨릭 신자들에게 기쁨의 메아리가 되어 울려 퍼진다. 하지만 군중은 수석 부제급 추기경이 성 베드로 대성전 발코니에 나타나 그 유명한 라틴말 문장을 선포할 때까지 조금 더 기다려야 한다.

---

19   시스티나 경당 안쪽에 있는 '눈물의 작은 방'의 면적은 9m²로, 대략 2.7평 정도이다.

2013년 콘클라베 때, 프랑스의 장 루이 토랑Jean-Louis Tauran 추기경이 프란치스코 교황의 당선을 공식적으로 알렸던 기억이 새록새록 떠오른다. 2025년 콘클라베 직후, 성 베드로 대성전 발코니에서 그 유명하고 감동적인 라틴말 문장을 읊은 이는 프랑스의 도미니크 맘베르티 추기경이었다.

"Annuntio vobis gaudium magnum. Habemus Papam!"

한국말로 옮기면 "저는 여러분께 큰 기쁨을 알려 드립니다. 교황님이 선출되셨습니다." 정도가 될 것이다.

제267대 로마의 주교는 레오 14세 교황이다. 새 교황은 군중의 큰 환호 속에서 첫 번째 교황 강복을 베풀며 당신이 수행할 교황직의 문을 힘차게 열었다.

III

교회가 직면한 도전 과제

9장

베르골료 교황의 유산

76세에 교황으로 선출된 호르헤 마리오 베르골료, 바로 프란치스코 교황은 보편 교회를 시급히 개혁해야 한다고 느꼈던 것 같다. 이는 베네딕토 16세 교황이 교황직을 사임한 이유 가운데 하나이기도 했다. 독일 출신 교황은 교회 내 성범죄 추문이라는 무거운 멍에를 짊어질 힘이 남아 있지 않다고 인정했다.

아르헨티나 출신 교황이 선출된 날, 그분 역시 고령이라는 이유로 교회 내 아동 성범죄 문제를 처리할 시간이 부족할 것이라는 우려가 여기저기에서 제기되었다. 프란치스코 교황은 2014년 8월 대한민국 사목 방문 때 이 사실을 직접 시인한 바 있다. 그리고 한국에서 바티칸으로 돌아가는 비행기 안에서 열린 기자회견을 통해 당신의 죽음에 관하여 언급했다.

"오래 걸리지 않을 겁니다. 2~3년 후면 하느님 아버지의 집으로 돌아가야겠지요!"

과도기 교황이라는 꼬리표가 따라다녔지만, 프란치스코 교황은 12년 동안 교황의 자리를 지켰다. 매우 많은 교회 개혁을 추진했고, 소중한 유산을 남기기에 충분한 시간이었다. 비록 모든 임무와 도전 과제가 임기 동안 완벽히 마무리되지 않았지만 말이다.

현안으로 넘어가기에 앞서, 베르골료 교황의 재임 기간에 대한 평가부터 내려보자. 오랜 지인들에게 자주 연락하고, 충실한 지지자들을 곁에 두며, 다소 파격적인 발언을 하면서도 일을 추진하는 것, 이것이 바로 베르골료 교황의 개혁 방식이었다. 이 방식이 다분히 예수회스럽다고 할 수도 있다.

프란치스코 교황의 방식은 가장 민감한 신학적 문제에도 적용된다. 마치 사방이 막힌 밀실 같은 문서에 작은 문을 열어 사고의 전환을 꾀함으로써 탁한 공기를 순환시키는 방식이라고 해야 할까? 이를테면, 교황 권고 〈사랑의 기쁨 *Amoris Laetitia*〉(2016)을 읽은 독자들은 이혼 후 재혼한 교우들이 성체를 모실 수 있으리라는 기대감을 품게 되었다. 실제로 교황은 사도적 권고의 각주를 통해 당신의 생각을 밝혔다. 〈사랑의 기쁨〉 각주 351번에서 '성사의 도움l'aide des sacrements' 개념이 무엇인지 설명했다. 동시에 같은 각주에서 2013년 11월에 반포된 교황 권고 〈복음의 기쁨〉 내용을 재차 언급했다.

"성찬례는 …… 완전한 이들을 위한 보상이 아니라 나약한 이들을 위한 영약이며 양식입니다."(〈복음의 기쁨〉, 47항)

아울러 "성사들의 문도 어떠한 이유로든 닫혀 있어서는 안 됩니다."(〈복음의 기쁨〉, 47항)라고 덧붙였다. '이혼 후 재혼한 신자들이 성체성사에 참여할 수 있는가?'라는 문제에도 프란치스코 교황의 방식이 적용된다. 다시 말해, 성사 참여로 돌아오는 길은 위에서 아래로 내려진 명령이라기보다 신앙인 각자가 스스로 찾아가도록 맡겨진 여정이라는 해석이다.

교회의 개혁에 앞서, 전임 교황은 가장 가난한 이들, 사회적 약자에 대한 교회의 관심과 헌신을 힘주어 강조했다. 1929년, 아르헨티나 출신 교황의 부모는 보다 윤택한 삶을 꿈꾸며 이탈리아에서 라틴아메리카로 이주했다. 교황직 임기 내내 이주민을 향해 각별하고 지속적인 관심을 기울인 이유이기도 하다.

한편 2013년 7월 8일, 이탈리아 로마 밖 첫 번째 사도 순방은 람페두사 섬으로 선정되었다. 그분의 강렬한 인상과 함께 강론이 전해 주는 힘은 프란치스코 교황을 난민들의 대변인으로 만들기에 충분했다. 프란치스코 교황은 지중해에서 사망한 이주 난민들을 추모하며 강론했다.

"불과 몇 주 전에 저는 이 비극에 대해 들었습니다. 이런 비극이 되풀이된다는 사실을 알게 된 후부터 저의 심장에 가시가 박힌 것처럼 줄곧 고통스러웠습니다. …… 우리는 무관심의 세계화 속에 빠져 허우적거리고 있습니다. 우리는 이웃의 고통에 익숙해져 있습니다. '나에게 관심도 없고 나와 아무 상관도 없으니, 이웃의 고통은 내 일이 아니야!'라고 말입니다."

솔직히 말해, 이주민과 난민 문제는 오늘날까지도 여전히 해결되지 않은 상태이며, 이는 프란치스코 교황의 유산인 동시에 앞으로도 계속될 도전 과제이다.

교회 개혁을 위해 선출된 전임 교황은 바티칸 시국의 재정 문제를 재정비하는 것으로 당신의 교황직을 시작했다. 첫해부터 교황청 재무부를 대대적으로 개혁하고, 오스트레일리아 출신 조지 펠George Pell 추기경을 재무원장으로 발탁했다. 교황청 금융 감독원 겸 경제사무국인 재무부는 자금 세탁에 대한 단속을 강화했다. 악명 높은 바티칸 은행IOR[20]의 재정 투명도를 높이기 위한 대대적

---

20 이탈리아어 'Istituto per le Opere di Religione(IOR)'는 바티칸 시국의 '종교 사업 연구소'라는 뜻이며, 일반적으로 '바티칸 은행'을 가리킨다.

개혁이었다. 2020년, 바티칸은 1억 유로[21]가량의 자산 손실이 있었다. 조반니 안젤로 베치우Giovanni Angelo Becciu 추기경이 저지른 의심스러운 부동산 거래로 인한 참담한 결과였다. 그는 결국 사기 혐의로 유죄 판결을 받았다.

프란치스코 교황의 오랜 숙고와 결단 끝에 가톨릭교회의 중앙 정부라고 할 수 있는 교황청에도 개혁의 바람이 불었다. 2022년 3월에 반포된 교황령 〈복음을 선포하여라Praedicate Evangelium〉는 1988년 요한 바오로 2세 성인 교황이 반포한 〈착한 목자Pastor Bonus〉를 계승하기에 충분했다. 50쪽 분량의 교황령 〈복음을 선포하여라〉는 250개 조항으로 이루어져 있으며, 교황청을 예전보다 유연하게 관리 및 운영하는 것에 주안점을 두었다. 교황청은 더 이상 가톨릭교회의 중앙 통제 기구가 아니라 각 교구의 주교를 지원하는 기관으로 새롭게 인식되었다.

베르골료 교황의 새 교황령은 교황권을 강화하는 동시에 사목적 배려와 역할을 강조했다. 이 같은 교황청 개혁은 프란치스코 교황이 선출되자마자 추진한 '청사진과 이정표'에 이미 포함되었을 것이다.

바티칸 개혁을 위한 개정안 수정 작업이 반복된 끝에 마침내 최

---

21 2025년 유로 환율 기준 1,600원으로 계산하면, 1억 유로는 원화로 약 1,600억 원이다.

종안이 공개되었다. 이 최종 문서는 교황청 개혁에 대한 마지막 저항을 극복하는 과정이었으며 모두를 놀라게 했다.

프란치스코 교황의 재임 기간 동안 교황청을 괴롭힌 문제 중 하나는 바로 가톨릭교회 내 아동 성범죄였다. 모두가 불편하게 생각하는 이 문제는 베네딕토 16세 교황 시절부터 이미 그 심각성을 인식했던 것 같다. 2010년대 이후로 가톨릭교회 내 성폭력 관련 폭로가 급증하면서 이 문제가 본격적으로 수면 위로 떠올랐다. 베네딕토 16세 교황은 사목 방문 때 직접 피해자들을 만났고, 성폭력 혐의가 있는 사제 400여 명을 면직시켰다. 그리스도의 레지오 수도회Congregatio Legionariorum Christi의 창립자이며 요한 바오로 2세 성인 교황의 제자인 마르시알 마시엘 데골라도Marcial Maciel Degollado의 추문도 베네딕토 16세 교황 재임 중 터졌다. 교황은 이중생활을 한 것으로 밝혀진 데골라도를 모든 직무에서 해임했다.

2013년, 아르헨티나 출신 교황이 선출될 당시, 가톨릭교회가 직면한 위기 상황을 단지 '심각한 도전'이라고 표현하는 것은 너무나 절제되고 완곡한 표현일 수 있다. 프랑스의 경우만 보더라도 수많은 성범죄 추문이 봇물 터지듯 터져 나왔다. 존경받던 아베 피에르Abbé Pierre[22]가 수십 년간 저질렀던 약탈자 같은 행동들이 폭로되었고, 리옹대교구 교구장이자 콘클라베 선거인이었던 필립 바르바랭 추기경의 사례도 마찬가지였다. 바르바랭 추기경은 법원에서 무죄 판결을 받았음에도, 여러 아동에게 성폭력을 저지른 베르나르 프레이나Bernard Preynat 신부 사건을 미온적으로 처리했다는 이유로 2020년 3월에 사임해야 했다. 게다가 2020년 10월, 가톨릭교회 내 성폭력 독립위원회CIASE[23]가 공개한 〈소베 보고서 Rapport Sauvé〉는 프랑스 가톨릭교회에 그야말로 청천벽력과 같은 충격을 안겨 주었다.

　베네딕토 16세 교황의 뒤를 이어 프란치스코 교황은 성폭력 사건들로 고통받는 피해자들을 친히 예방했고 그들 이야기에 귀 기울였다. 피해자들은 수십 년 전까지 거슬러 올라가는 과거 성폭력으로 인해 깊고 지속적인 트라우마를 겪고 있었기 때문이다. 급기야 프란치스코 교황은 성직자들이 저지른 성범죄 사건에 대한 교

22　'아베 피에르Abbé Pierre'라는 이름으로 친숙하게 불렸던 '앙리 마리 조제프 그루에Henri Marie Joseph Grouès'는 프랑스 카푸친 작은형제회 소속 사제이다. 빈민과 노숙자 구제 활동을 벌이며 1949년에 엠마우스 운동을 시작한 프랑스 사회 운동의 선구자이기도 하다.

23　'교회 내 성폭력 독립위원회'의 프랑스어 명칭은 'Commission indépendante sur les abus sexuels dans l'Église'이며, 약어는 'CIASE'이다. 장 마르크 소베Jean-Marc Sauvé가 2019년 2월에 이 위원회를 창립했으며, 가톨릭교회 내 성폭력 및 성범죄 피해자를 위한 조사를 했다. '소베 위원회Commission Sauvé'라고도 불린다.

황청의 비밀 유지 의무를 철회했다. 신속한 절차와 관련 문서 제공을 허락함으로써, 해당 사건과 관련된 사제와 주교에 대한 조사에 박차를 가했다. 그리고 2019년 5월에 발표된 교황 자의 교서 〈너희는 세상의 빛이다*Vos Estis Lux Mundi*〉에서 아동 성범죄 사건에 대한 처리 절차 및 재발 방지 대책을 수립했다. 이와 함께 추후 관련 사건이 발생할 경우를 대비하여 각 지역 가톨릭교회에 신고 의무를 강화했다.

한편 프란치스코라는 교황명을 택했던 제266대 교황은 이탈리아 아시시의 거룩한 빈자Poverello 프란치스코 성인의 발자취를 따라 꿋꿋이 걸었다. 사회적 약자와 가난한 이들에 대한 아르헨티나 교황의 관심이 이 부분을 잘 드러냈다.

프란치스코 교황이 구비오Gubbio의 작은 새와 늑대[24]를 길들인 아시시의 프란치스코 성인을 표양으로 삼은 것이 하나 더 있다. 이는 바로 자연과의 관계인데, 오늘날 우리가 생태학이라고 부르는 분야이다.

---

24 프란치스코 성인은 하느님의 피조물인 동물들과 교감했다고 전해진다. 1220년경, 이탈리아 움브리아의 구비오에 포악한 늑대가 나타나 마을에 피해를 주자, 성인은 십자 성호를 그으며 늑대에게 공격을 멈추라 명령했고 늑대는 성인에게 복종했다.

나의 주님,

당신의 모든 피조물,

특별히 나의 형제 태양에게 찬미받으소서.

당신께서 태양을 통하여 낮과 빛을 주셨습니다.

태양은 아름답고 찬란하게 빛납니다.

……

나의 주님,

자매이며 우리 어머니인 땅에게 찬미받으소서.

땅은 우리를 품에 안아 기르며

다양한 과일과 알록달록 꽃들과 풀들을 낳아 줍니다.

아시시의 프란치스코 성인의 〈태양의 찬가〉 또는 〈피조물의 찬가〉의 한 구절은 프란치스코 교황의 두 번째 회칙 〈찬미받으소서 *Laudato Si*〉의 제목으로 선정되었다. 이 회칙의 부제목은 '공동의 집을 돌보는 것에 관하여'이다. 〈찬미받으소서〉 회칙의 제목과 부제는 이 책의 핵심 메시지를 명확하게 보여 준다. '찬양의 노래'라는 의미를 지닌 제목처럼 프란치스코 교황은 이 회칙을 통해 기쁨을 강조하지만, 이는 단순히 찬양에 그치지 않는다. 이 글은 공동의 집인 지구를 위협하는 생태적·기후적 위기를 직시하고 이를 극복하기 위한 긴급한 요청을 담고 있다.

"저는 우리 지구의 미래를 어떻게 건설할 것인지에 관하여 새롭게 대화 나눌 것을 긴급하게 호소합니다. 모든 이가 참여하는 대화가 필요합니다. 우리가 당면한 환경 문제와 인간이 일으킨 그 근원은 우리 모두에게 관련이 있고 영향을 미치기 때문입니다. 세계적인 환경 운동은 이미 오랫동안 발전을 이루어 이 문제에 대한 경각심을 불러일으키는 여러 단체가 수립되었습니다. 유감스럽게도 환경 위기에 대한 구체적 해결책을 찾으려는 노력은 효과가 없는 것으로 드러났습니다. 힘 있는 자들의 반대뿐만 아니라 그 외의 사람들의 관심 부족 때문입니다."(《찬미받으소서》, 14항)

《찬미받으소서》는 그리스도인들이 환경 운동에 참여하도록 초대한다. 아울러 2015년 프랑스 파리에서 개최된 COP21, 즉 제21차 유엔기후변화협약 당사국총회를 비롯하여 가톨릭교회 울타리 너머 비신앙인들에게까지 광범위하게 영향력을 발휘했다. 베르골료 교황의 사회적 영향력은 소극적인 의미의 환경 보존보다 훨씬 더 포괄적이며 총체적인 의미의 약속과 헌신을 가리킨다. 이는 '통합적 생태학'이라 불리는데, '모든 것은 연결되어 있다.'라는 생각에 토대를 두기 때문이다. 다시 말해, 환경과 사회, 경제와 영성 영역의 도전 과제들은 모두 하나로 연결되어 있다는 뜻이다. 2023년, 프란치스코 교황은 회칙 〈하느님을 찬양하여라*Laudato Deum*〉에서 화석 연료의 단계적 폐지와 지속 가능한 발전, 통합적 생태학을 더욱 강하게 역설했다. 게다가 시급한 기후 위기 문제에 관심을 기울이지 않는 부유한 강대국들을 나무라며 그들에게 경종을 울렸다. 이는 인류의 미래를 위해 매우 중요한 핵심 문제이기 때문이다. 따라서 이 문제는 친환경적 성향의 전임 교황의 뒤를 이은, 후임 레오 14세 교황이 결코 간과할 수 없는 사안이 될 것이다.

10장

레오 14세의 열두 가지 임무

세상을 향해 열린 문 앞에 선 레오 14세 교황. 사람들은 새 교황이 어떤 일을 해낼지 기대하고 있다.

프란치스코 교황은 입원 중에도 교황직의 책임을 끝까지 다했다. 임종 몇 주 전부터는 바티칸 행정부가 일상 업무를 처리했을 것이다. 가톨릭교회의 새로운 수장은 이제 막 교황으로서의 역할과 의미를 깨닫고 적응하는 단계에 들어섰다. 머지않아 시급히 해결해야 할 여러 현안과 막중한 임무들을 마주하게 될 것이다.

가톨릭교회 내부에 쌓여 있는 여러 도전 과제들, 간단히 말해 진보와 보수 사이의 갈등 양상이 심화되는 민감한 상황을 걱정해야 할까, 아니면 전임 교황처럼 불신앙이 만연한 현대 사회와 먼저 소통해야 할까?

새 시대를 열게 될 레오 14세 교황에게 주어진 선출 후 100일은 아마 첫 번째 신호탄이 될 것이다. 이 기간 동안 그는 자신의 방식과 언론과의 관계를 차근차근 확립하고, 콘클라베에서 얻은 추기경들의 호의와 공감을 핵심 동력으로 삼아 산적해 있는 문제들을 차근차근 풀어 가야 할 것이다.

가난한 이들을 위한 교회

'교회란 무엇인가?'라는 질문에 프란치스코 교황은 '야전 병원'이나 '다면체'에 비유했다. 그분에게 교회는 결코 '세관'이 아니었다. 사제들은 '양 냄새'를 맡아야 하며, 그들 또한 '양 냄새' 나는 목자가 되라는 초대를 받았다.

예수회 소속이었음에도 아시시의 프란치스코 성인 이름을 교황명으로 택하고, 교황청 아파트 대신 산타 마르타의 집에서 머문 것은 후임 교황에게도 영향을 미칠 강력한 신호였다. 겉으로는 사소해 보일지라도 이런 모든 결정에는 교황의 교회 통치 방향이 담겨 있다. 사람들은 여전히 프란치스코 교황이 선출되던 날, 성 베드로 대성전 발코니에 흰색 수단만 입고 나왔던 첫 모습을 기억한다. 이 모습은 전통적인 교황의 전례복을 갖춰 입고 나왔던 전임자 베네딕토 16세 교황의 모습과 뚜렷하게 대비되었다.

겸손을 몸소 보여 준 교황이 구현한 '가난한 교회'와 '절제의 길'을 후임 교황은 계속 따라야 할까? 아니면 전 세계 14억 가톨릭 신자를 보유한 보편 가톨릭교회의 위대함을 되새겨야 할까? 이 모든 상황에서도 변하지 않는 한 가지 사실은, 가톨릭교회는 인류에게 빛을 비춰 주는 등대라는 점이다. 교회는 질그릇 안에 담긴 보물,[25] 바로 복음을 자랑스럽게 여긴다. 물론 후임 교황 입장에서는 자신을 비우고 낮춘 전임 교황의 발자취를 따르거나 그가 이룩한 찬란한 유산에 호소하는 것이 가능할지도 모른다. 그러나 겉으로 드러난 몇 가지 지표만으로 레오 14세 교황이 채워 나갈 교황직을 단정하거나 축소할 수는 없다.

20세기 이후 역대 교황들은 각자 자신의 역할에 따라 분명하게 구별되는 개성을 보여 주었다. 이는 그들이 책임 영역에서 선택하고 집중했던 부분에서 다채로운 색깔로 드러난다. '과도기 교황'이라 불렸던 요한 23세 성인 교황은 역설적으로 제2차 바티칸 공의회를 소집했고, 고령의 베네딕토 16세 교황은 교황직을 사임

---

25 코린토 2서 4장 7절의 표현, 즉 "우리는 이 보물을 질그릇 속에 지니고 있습니다."라는 성경 구절을 암시하는 듯하다.

하며 모두를 놀라게 했다. 한편 아르헨티나 부에노스아이레스 출신의 신중한 베르골료 교황은 전 세계 언론의 이목을 자주 집중시켰다.[26] 흰색 수단 차림으로 등장했던 2013년 당시 프란치스코 교황의 첫 모습이 그의 생각이나 임기 동안의 행보를 전부 표현했던 것은 아니었다. 마찬가지로 새 교황을 기다리는 다양한 현안과 여러 임무는 매우 복잡하고 복합적인 양상을 띤다. 따라서 레오 14세 교황의 첫인상만으로 그의 생각이나 앞으로의 행보를 성급하게 예측하거나 단정할 수는 없다.

선교하는 교회

선교는 교회 생활의 핵심이자 오늘날 모든 대륙에서 선택하는 주요 사목 표어다. 선교는 그 자체로 가톨릭교회의 본질이며, 본당과 다양한 신심 활동에 밀접하게 연결된 살아 숨 쉬는 개념이다. 세속화와 분열, 다원화로 점철된 지금 이 세상에 가장 절실한 것이 바로 선교다.

---

[26] 이 문장에서 사용된 프랑스어 'bête médiatique'는 '언론 매체의 짐승'이라고 직역할 수 있으며, 언론의 주목을 많이 받거나 대중의 관심을 끄는 행동이나 발언을 반복하는 사람을 가리킨다.

과거 가톨릭교회는 마치 성벽 안에 갇힌 듯, 세상과 거리를 둔 채 내부 활동에만 치중했다. 그러나 20세기 후반 요한 바오로 2세 성인 교황을 기점으로 교회에는 큰 변화가 생겼다. 신앙을 수동적으로 지키는 데 그치지 않고, 복음을 적극적으로 세상에 선포해야 한다고 역설하며 교회의 대대적인 변화를 이끌었다. 이를 통해 가톨릭교회는 훨씬 더 능동적으로 선교 정신을 구체화했다. 선교는 가톨릭 신자들을 이끄는 방식이자, 교회 밖으로 나가 사람들을 만나 그리스도교의 복음을 선포하는 방식이다. 세계청년대회WYD[27]는 선교하는 가톨릭교회의 뛰어난 성공 사례로 꼽힌다. 선교는 가장 가난한 이들, 곧 사회적 약자를 위한 헌신과 복음 선포를 연결하고 결합하기 때문이다.

새 교황이 실제로 받아들일 수 있는 차원에서의 선교는 현대 사회의 소통 방식에 맞추어 적응하는 것이다. 사회관계망서비스는 고전적인 방식의 경계를 넘어 수많은 자료와 증언, 기도와 교육에 즉각적으로 접근할 수 있는 길을 열어 주었다. 바오로 6세 성인 교황은 "교회는 복음을 선포하기 위해 존재합니다."라고 말했다. 사제와 수도자, 특강이나 신앙 증언을 하는 평신도까지 이 분야에 참여하는 계층은 과거보다 훨씬 넓고 다양해졌다.

---

[27] 세계청년대회는 'World Youth Day'이며 약어로 'WYD'이다. 레오 14세 교황은 2027년 서울에서 열리는 세계청년대회에 참석할 예정이다.

교황이 언론을 활용하여 세상과 소통한다면, 그에게 귀 기울이는 청중도 과거보다 현저하게 늘어날 것이다. 이는 2025년 콘클라베 사전 회의와 전체 토론에서 추기경단이 바랐던 차기 교황의 모습이었다. 다시 말해, 추기경단의 '선교적이며 예언자적'이었으면 좋겠다는 기대와 바람은 레오 14세 교황이 완수해야 할 또 다른 임무로 다가올 것이다.

아동 성범죄와의 전쟁

교회 내 아동 성범죄 및 성폭력과의 전쟁은 레오 14세 교황이 해결해야 할 시급한 문제다. 바로 한 번에 해결하기는 어렵지만, 반드시 우선순위로 다루어야 할 과제인 것이다. 이 문제는 아일랜드, 칠레, 미국, 독일 등 전 세계 가톨릭교회에 도미노처럼 영향을 미쳤고, 어떤 면에서는 베네딕토 16세 교황의 사임 이유이기도 했다. 프란치스코 교황은 임기 초반부터 아동 성범죄와의 전쟁을 선포했다. 그러나 시간이 흐르면서 이 문제의 깊이와 심각성, 그리고 무게감을 제대로 파악하게 되었다. 이에 대한 증거로 2021년 프랑스 주교회의의 요청에 따라 만들어진 교회 내 성폭력 독립위원회, 즉 소베 위원회가 작성한 보고서를 들 수 있다. 유감스럽게도, 전임 교황은 가톨릭교회의 맏딸인 프랑스가 처한 이 심각한 상황에 큰 관심을 기울이지 못했다.

프란치스코 교황의 방침은 크게 두 가지로 요약된다. 첫째, 아동 성범죄를 전담하는 교황청 기구를 신설하는 것이다. 둘째, 해당 범죄의 진단, 저지, 예방을 위한 법률을 제정하는 것이다. 교황은 자의 교서 〈너희는 세상의 빛이다〉(2019)를 통해, 모든 교회 관할 구역에 신자들이 쉽게 이용할 수 있는 성폭력 예방 장치 마련을 촉구했다. 또한 모든 성직자에게 성범죄를 숨기거나 묵인한 정황이 있다면 반드시 신고해야 할 의무를 부과했다.

2014년, 프란치스코 교황은 미성년자 보호를 위한 교황청 위원회를 신설하고, 미국 출신 숀 패트릭 오말리Sean Patrick O'Malley 추기경에게 이 임무를 맡겼다. 2018년에는 칠레 출신 후안 바로스 마드리드Juan Barros Madrid 주교가 아동 성폭력 사건을 묵인했다가 결국 "상황을 인식하고 판단하는 데 중대한 실수를 저질렀다."라며 자신의 과오를 인정하고 참회하기도 했다.

교황은 사목 방문 때마다 성폭력 피해자들을 만나는 데 많은 시간을 할애했다. 2019년에는 전 세계 각국 주교회의 의장들을 바티칸으로 소집했고, 〈너희는 세상의 빛이다〉는 이에 대한 후속 조치 중 하나였다.

2019년, 엄격한 조건 아래 아동 성범죄 관련 교황청의 비밀 유지 의무가 해제되면서 관련 문서가 민사 법원으로 전달되었다. 성폭력 가해자가 기소되면, 이를 묵인하거나 은폐한 이들, 특히 주교들은 그에 합당한 책임을 져야 하고, 심각한 경우 바티칸 교회 법원에서 유죄 판결을 받을 수도 있다.

하지만 여전히 바티칸 차원에서 교회 내 성폭력 근절을 위한 노력은 더디게 진행되고 있다는 증언들이 있다. 그럼에도 가톨릭교회는 과거 비밀을 숨기던 문화에서 벗어나 성범죄 추문을 공식적으로 인정하고 예방하며 적극적으로 제재하는 장치를 마련하고 있다. 나라마다 상황이 다르기 때문에 아동 성범죄에 대한 관심이나 대응 방식에도 미묘한 차이가 있다. 앞으로 교회는 아동 성범죄에 대한 모든 은폐와 묵인을 송두리째 뿌리 뽑아 완전한 신뢰를 회복해야 한다.

프란치스코 교황의 이야기처럼, 가톨릭교회를 '안전한 집'으로 만들기 위해 아동 성범죄와 전쟁을 치러야 할 임무는 현재진행형이다. 이는 의심할 여지 없이 새 교황의 최우선 과제이자 주요 임무 가운데 하나가 될 것이다. 전임 교황이 이 임무를 시작하고 일부 성과를 거두었지만, 레오 14세 교황에게는 아동 성범죄와의 전쟁에 관하여 해야 할 일이 아직 많이 남아 있다.

시노드 정신을 살아가는 교회

2021년 프란치스코 교황은 '시노달리타스에 관한 시노드'를 시작했다. 교우들이 '시노달리타스'라는 개념을 이해하는 데 어려움을 겪었지만, 전임 교황은 기존의 가톨릭교회 운영 방식에 질문을 던지고자 했다. 3년에 걸친 설문 조사와 회의 끝에 시노드는 2024년 10월 26일에 막을 내렸다. 이번 시노드는 가톨릭교회 안에 대화의 문화를 증진하고, 평신도와 여성에게 더 많은 역할을 부여하며, 각 지역 주교회의의 권한을 확대하는 방향으로 결론이 났다. 전임 교황은 기존 관례와 다르게 시노드의 최종 결론을 교황의 사도적 권고에 포함하지 않고, 대신 폐막식 때 확정된 최종 문서를 인용해 이렇게 선언했다.

"이 시노드 문서는 각 대륙의 서로 다른 환경에 처한 지역 가톨릭교회에 실질적인 선교 지침서 역할을 할 매우 구체적인 지표들을 담고 있습니다."

마찬가지로 이 최종 문서는 '시노드 정신을 살아가는 교회를 위하여: 친교, 참여, 선교'라는 슬로건과 함께, 모든 이가 함께하는 가톨릭교회 분위기를 응원하고 지향한다. 그러므로 이 문서는 새 시대를 열어가는 레오 14세 교황이 걸어가야 할 여정에서 이정표처럼 활용될 수 있을 것이다.

여성의 위치

'시노달리타스에 관한 시노드' 중 가톨릭교회 내 여성의 역할은 중요한 논의 주제였다. 이 문제는 레오 14세 교황이 앞으로 다루어야 할 민감하면서도 피할 수 없는 핵심 과제다. 솔직히 시노드 회의에서 이 안건을 깊이 논의하는 데는 현실적으로 한계가 있었다. 적극적으로 교회 개혁을 추진했던 프란치스코 교황조차 여성에게 사제 서품을 주는 것은 불가능하다고 결론을 내렸다. 그럼에도 '세계주교시노드 제16차 정기 총회'의 최종 문서는 다음과 같이 강조한다.

> "남녀의 동등한 품위와 상호성을 존중하는 관계들을 살아가고자 노력할 때 우리는 복음을 증언하는 것이다. 시노드 과정에서 모든 지역과 대륙의 여성들이 평신도든 축성 생활자든 거듭 표명한 고통과 괴로움은 우리가 얼마나 자주 그렇게 하지 못했는지를 보여 준다."(52항)

가톨릭교회 개혁을 주장하는 이들은 이 사안에 어느 정도 진전이 있었다고 보았지만, 충분하고 명확한 결과가 아니라는 주장도 제기되었다. 프란치스코 교황은 여성에게 맡기지 않았던 교황청 직책에 여성들을 임명하며 변화를 시도했지만, 여성 부제직 문제는 레오 14세 교황이 해결해야 할 숙제로 남아 있다.

전임 교황이 맺은 열매로 2021년, 프랑스인 나탈리 베카르 Nathalie Becquart 수녀는 시노드에서 투표권을 행사한 최초의 여성이 되었다. 2025년 1월 6일에는 이탈리아인 시모나 브람빌라 Simona Brambilla 수녀는 교황청 수도회부 장관으로 임명되어 교회 역사상 여성이 교황청의 중책을 맡은 첫 사례가 되었다. 또한, 2022년 3월 19일 발표된 〈복음을 선포하여라〉는 교황청 조직 개편을 통해 '모든 신자'가 교황청 기구의 수장이 될 수 있는 길을 열어 주었다. 이처럼 여성들은 교황청 내에서 조금씩 입지를 넓혀 가고 있다. 그렇지만 신자들이 간절히 바라는 가톨릭교회 내 여성의 위치와 관련된 발전과 변화를 최종적으로 검토하고 승인하는 임무는 레오 14세 교황에게 맡겨져 있다.

사제 독신제

사제 독신제와 기혼 남성의 사제 서품 문제는 레오 14세 교황 임기 중에 반드시 다루어야 할 과제다. 이 문제에는 크게 두 가지 측면이 있다. 첫째, 가톨릭교회 내에서 사제 독신제가 이미 확고하게 자리 잡았다는 점이다. 둘째, 신임 교황은 이와 관련된 규정을 명확히 해야 한다는 점이다.

프랑스 주교회의가 운영하는 '프랑스 가톨릭교회 웹사이트'[28]에 따르면, 사제 독신제는 "모든 이와 계약을 맺기 위해 독신으로 남으신 그리스도의 모습을 본받아, 모든 이를 향한 하느님 사랑의 표지가 되기 위해 특별히 한 사람만 사랑하는 것을 포기하는 것"이라고 설명한다.

반면, 아마존 시노드[29]에서 사제 부족 현상에 대한 해결책으로 제안된 기혼 남성의 서품 문제는 사제 독신제와는 또 다른 사안이다. 프란치스코 교황은 이 제안 자체를 반대하지는 않는다고 표명했다. 그러나 비리 프로바티Viri Probati, 즉 교회에 헌신하는 덕망 있고 성숙한 기혼 남성에게 사제 서품을 허용하는 것에 대해서는 결정적으로 거부했다.

레오 14세 교황은 적어도 임기 초반에는 이 민감한 사안에 대한 논의를 시작하지 않을 가능성이 크다. 기혼 남성의 사제 서품 문제는 언제나 논란의 여지를 제공했기 때문이다.

---

28 https://eglise.catholique.fr
29 프란치스코 교황은 2019년 10월 6일 바티칸에서 세계주교대의원회의 아마존 특별회의를 소집했다. 이 시노드를 '아마존 시노드'라고도 부른다.

전통주의자들이 설 자리

베드로 사도의 후임자 레오 14세 교황은 전임 교황이 임기 중에 마무리하지 못한 사안들과 2025년 콘클라베 전체 토론 중에 다루어진 핵심 안건들을 다시 논의할 필요가 있다. 이는 소위 '전통주의자들'이라고 불리는 신앙인들에게 가톨릭교회가 과연 어떤 자리를 내어 줄 것인지에 관한 논쟁이다.

프란치스코 교황은 몇 차례의 교섭 끝에 제2차 바티칸 공의회 이전 예식에 따른 미사 거행 조건을 까다롭게 바꾸었다. 이전에 요한 바오로 2세 성인 교황은 주교단의 재량으로 트리엔트 공의회에 따른 전통적 방식의 미사 거행을 '광범위하고 관대하게' 윤허해야 한다고 제안했다. 그리고 베네딕토 16세 교황은 이에 대한 판단을 사제단에게 맡겼다.

하지만 프란치스코 교황은 고전적 예식에 따른 미사 거행의 문턱을 한층 더 높였다. 부연하면, 베네딕토 교황이 본당 주임 사제들에게 위임한 권한을 철회하고, 이 권한을 교구 주교단에게로 되돌렸다. 급기야 2021년 7월에 반포된 자의 교서 〈전통의 수호자 *Traditionis Custodes*〉를 통해 크게 두 가지 지침을 내렸다. 첫째, 전통적이며 예외적인 예식에 따른 미사 거행을 위해서는 본당을 이용할 수 없다. 둘째, 모국어로 봉독해야 할 미사 독서를 라틴말로 대

체해서는 안 된다. 반면 보수 가톨릭 신자들은 이 같은 조치의 심각성을 올바르고 정확하게 이해하지 못했던 것 같다. 하지만 적어도 프랑스 대부분의 교구에서는 전통주의자들의 미사 전례와 일반 교우들의 미사 전례 사이의 균형을 어느 정도 회복했다고 볼 수 있다.

2021년 당시 프랑스 파리대교구장 미셸 크리스티앙 알랭 오프티Michel Christian Alain Aupetit 대주교는 이렇게 설명한다.

"미사 전례 논쟁에 다시 불을 붙이는 것은 현안의 핵심이 아닙니다. 옛 전례 예식을 선호하는 교우들의 선익을 보장하는 것이 관건이겠지요. 주교는 교우들이 교회 생활과 신앙에서 떨어져 나갈까 걱정하지 말고 이 전례 예식에 참여할 수 있도록 필요한 조치를 해야 하겠습니다."

전통주의 성향의 그리스도인들에게 엄격한 조건을 부과하면서까지 지향했던 바가 교회 일치와 통합이었다면, 레오 14세 교황은 다람쥐 쳇바퀴 돌듯 반복되는 이 문제에 관하여 온건한 회유책을 모색할 수 있을 것이다. 따라서 근본주의를 지향하는 전통주의자들과 일시적으로 단절되었던 대화를 재개하려는 노력이 새 교황에게 어느 정도 필요해 보인다.

로마 교황청 개혁

다음으로 논의할 사안은 로마 교황청 개혁이다. 이 임무는 2013년에 전임 교황이 선출된 여러 이유 중 하나였다. 교황 임기가 9년 정도가 지난 2022년 3월 19일, 요셉 성인을 기념하는 축일이 되어서야 54쪽 분량의 공식 문서가 발표되었다. 프란치스코 교황의 교황령 〈복음을 선포하여라〉는 요한 바오로 2세 성인 교황의 교황령 〈착한 목자〉(1988)를 대신하기에 부족함이 없었다.

한편, 로마 교황청 개혁은 단지 바티칸 행정 조직의 개편에만 국한되지 않았다. 가톨릭교회의 행정 운영 방향을 선교 쪽으로 전환했기 때문이다. 그 결과 교황청 각 부서의 우선순위에서 복음화부가 신앙교리부보다 앞서게 되었다. 사실 신앙교리성은[30] 교회 역사 안에서 약 500년 동안 교황청 조직 중 부동의 1위 자리를 고수해 왔다. 그러나 2022년에 단행된 교황청 개혁에 따르면, 복음 선포는 규정이나 교리보다 우선시된다.

교황청 개혁을 주관하는 것은 궁극적으로 관계성의 전환이었다. 〈복음을 선포하여라〉는 로마 교황청을 힘의 논리에서 봉사의 논리로 전환했다. 이는 지역 교회가 겪고 있는 현실에 귀를 기울

---

[30] 1542년에 설립된 교황청 '신앙교리성Congregation for the Doctrine of the Faith'은 2022년에 '신앙교리부Dicastery for the Doctrine of the Faith'로 개편되었다.

이기 위함이다. 교황령에 따르면 무엇보다도 교황청은 관료적 행정 기관이 아니라 복음 선포를 위해 봉사하는 기관임을 확실하고 명확하게 짚어 준다. 이는 교황청을 통합하거나 개편하는 것으로 귀결된다. 즉, '개별 교회에 봉사하기 위한' 교황청의 역할을 강조하는 한편, 각국 주교회의는 더 많은 독립성과 자율성을 가져야 한다는 것이 핵심이다.

로마 교황청의 내부 조직도 개편되었다. 이제 남녀 평신도들도 교황청 각 부서의 책임자 직책을 맡을 수 있게 되었다. 이는 성직주의를 극복하는 동시에, 교회 운영에서 세례받은 신앙인들의 역할을 인정하고자 하는 염원을 표현한 것이다. 프란치스코 교황이 교황청 조직 개편을 단행한 것은 교황청 구성원들을 견제하고 출세지상주의를 경계하기 위함이었을 것이다. 시간이 흐르면서 교황청 행정부는 관료주의와 성직주의, 내부 갈등, 그리고 투명성 부족 등의 비판을 피할 수 없었다. 일각에서는 교황이 교황청 조직 개편을 통해 시노달리타스 또는 대화의 문화를 전면에 내세워 자신의 교황권을 과시하려는 게 아니냐는 지적도 나왔다. 어찌 되었든 전임 교황의 혹독한 처우를 감내했던 교황청 구성원들은 이제 레오 14세 교황에게 사목자로서의 위로와 격려를 기대할지도 모른다.

투명한 재정 관리

프란치스코 교황 덕분에 교황청 개혁과 더불어 바티칸 재정은 정상화를 이루었다. 전 세계에서 가장 작은 나라인 바티칸 시국의 경제 질서를 바로잡는 것은 2013년에 아르헨티나에서 온 추기경이 교황으로 선출된 이유 중 하나였다. 물론 수많은 결정과 함께 자세한 설명도 덧붙여졌다. 그러나 교황청 재정의 투명화는 여전히 미완성 상태라고 솔직하게 고백해야 한다. 2014년 이후부터 줄곧 부패 척결을 외친 교황은 호주 조지 펠 추기경을 교황청 재무원장 자리에 앉혔다. 교황령에 따르면, 교황청 재무원은 '사도좌와 바티칸 시국 내부의 모든 경제와 행정 업무에 관한 권한을 행사'하며 특별히 재정 관리를 중앙으로 집중시켰다. 그러나 교황청 재무원의 우선 과제는 자금 세탁과 탈세에 악용될 가능성이 있는 불투명한 금융 거품을 제거하는 일이었다. 그리고 2015년, 은행 비밀 유지가 해제되자 바티칸 은행IOR에서는 5,000여 개의 의심스러운 은행 계좌가 하루아침에 삭제되었다.

급기야 결정적인 사건 하나가 터졌다. 바티칸 계좌들이 정상화되는 과정에서 교황청이 영국 런던에 있는 건물을 고가에 매입했다가 손해를 입고 급히 매각했다는 추문이 돌기 시작했다. 이 사건으로 교황청은 구설에 오르며 온갖 오명을 뒤집어썼다. 한때 교황청 국무장관을 역임한 조반니 안젤로 베치우 추기경이 위험하고 불법적인 재정 거래에 연루되어 재판을 받았다. 그는 바티칸 법원에서 사기와 횡령 혐의로 징역 5년 6개월을 선고받았다.

프란치스코 교황 임기 중에 바티칸 재정의 투명도가 예전보다 높아진 것은 자명한 사실이다. 그러나 바티칸이라는 작은 국가의 막중한 재정 부담을 충족시킬 재원 확보 문제는 여전히 미지수로 남아 있다. 이를테면 신임 교황은 바티칸 직원들의 연금을 위한 자금 조달을 걱정하며 해당 사안에 관한 여러 방편을 마련해야 할 것이다. 아마도 레오 14세 교황은 바티칸 재정의 투명화가 현재까지 진행 중이라는 사실에 놀라지 않았을 것이다. 2024년 9월, 프란치스코 교황이 추기경단에게 편지 한 통을 보냈기 때문이다.

"선교를 위한 재정 자원은 제한되어 있습니다. 사도좌의 유산에 이바지하신 분들의 노력과 수고가 헛되이 돌아가지 않으려면 바티칸 재정에 대한 관리 및 감독이 엄중하고 공정하게 이루어져야 합니다. …… 책임감을 절감하며 전략적으로 결단을 내려야 할 상황에 직면했습니다."

가톨릭교회의 새로운 수장인 레오 14세 교황은 장차 어떤 일이 벌어질지 이미 짐작하고 있을 것이다.

동성 커플에 대한 포용

교회 안에서 동성 커플을 인정하는 문제는 서양과 아프리카, 진보주의자와 보수주의자, 사목자와 신학자 사이에서 여러 갈등을 빚었다. 공식적으로 가톨릭교회는 동성애적 성향과 동성애 행위를 명확하게 구분한다. 동성애적 성향은 동성에게 매력을 느낀다는 사실 자체를 의미하며, 동성애 행위는 동성 간에 실행된 성관계를 가리킨다. 1992년 발행된 《가톨릭 교회 교리서》 2,357항에서도 "동성애 행위는 그 자체로 무질서"라고 규정했다. 한마디로 교회는 동성애 행위를 비판한다.

2013년 7월, 브라질 리우 세계청년대회에서 돌아오는 비행기 안에서 프란치스코 교황은 이렇게 말했다.

"만약 동성애자인 어떤 이가 선의를 가지고 하느님을 찾는다면, 제가 교황이라고 한들 어찌 그를 판단할 수 있겠습니까?"

이 상징적인 질문은 동성애자들에 대한 교회의 인식이라는 잔잔한 호수에 던져진 돌멩이와 같았다. 다시 말해, 동성애자들과 관련한 쟁점에 전환점을 마련한 것이다. 프란치스코 교황은 2013년 교황으로 선출된 후부터 교리를 바꾸지 않으면서도 이와 같은 사목적 접근 방식을 채택했다. 변화하고 있는 것은 바로 말투와 태도이며, 판단보다 포용에 우선순위를 두었다.

교황 권고 〈사랑의 기쁨〉(2016)은 또한 "모든 이가 자신의 성적 성향과 관계없이 인간 존엄성을 존중받아야 합니다."(250항)라고 덧붙였다. 교황은 그 누구도 성적 성향을 이유로 그리스도교 공동체에서 거부당하거나 배제되어서는 안 된다고 여러 번 강조했다. 동성애를 여전히 범죄로 규정하며 이를 위해 법률을 강압적으로 악용하는 나라를 규탄하고 그들에게 호소한 이유가 바로 여기에 있다. 동성애자들에 대한 포용을 모든 신자가 인식할 수 있다고 가정하더라도 동성 커플의 결합, 즉 동성혼을 인정하는 문제에는 일부 주교단과 추기경들조차 분명한 거부 의사를 표명했다. 2020년에 제작된 한 다큐멘터리에서 프란치스코 교황은 "동성애 커플도 가정을 이룰 권리가 있습니다. 이들을 보호할 시민결합법이 필요합니다."라고 말했다.

동성 커플의 포용에 관한 개방적인 입장은 분명하고 정확한 방식으로 설명되어야 한다. 첫째, 교황은 남녀 간 결합에만 적용할 수 있는 혼인 성사를 동성 간의 결합과 명확하게 구분했다. 둘째, 교황은 동성 커플을 사회적, 합법적으로 인정하고 포용하기 위한 문을 열었다. 한 걸음 더 나아가 2023년 12월, 바티칸은 〈간청하는 믿음*Fiducia Supplicans*〉을 발표했다. 이에 따르면, 사제들이 동성애자를 포함한 '비정상적*irrégulière*' 상황에 놓인 커플과 동성 커플에 대한 축복을 최초로 허용했다. 다만 이 축복을 혼인 성사나 혼인 성사 예식 중의 정식 축복과 절대로 혼동해서는 안 된다는 조건이 붙었다. 이는 분명히 혼인에 대한 교회의 가르침이 변하지 않았음을 의미한다. 〈간청하는 믿음〉이 말하는 동성 커플 축복에 대한 허용은 공식적인 전례 예식이나 윤리적 인정이 아니다. 이는 단지 사목적 행위라고만 명기되었기 때문이었다. 그럼에도 이 선언문은 몇몇 개별 교회에서 굉장히 강한 거부 반응과 심각한 파장을 일으켰다. 아프리카 콩고 민주 공화국 킨샤사Kinshasa대교구장이며 아프리카와 마다가스카르 주교회의연합회SCEAM[31] 의장인 프리돌랑 암봉고 베숭구Fridolin Ambongo Besungu 추기경은 동성 커플 축복에 대한 거부 의사를 표출해 달라며, 아프리카 지역 교회들에 서한을 보냈다.

그렇다면 2025년 콘클라베에서 이 사안은 어떻게 결정되었을까? 이 사안이 신임 교황 선출에서 표심을 흔들 정도로 심각한 불화와 의견 불일치의 주제였을까? 사실 이 문제는 젊은 지역 교회와 구대륙 교회 사이에서 굴곡진 갈등과 분열을 빚어 내는 주제 가운데 하나라는 점은 확실하다. 추기경들은 이 문제를 두고 깊은 고민과 토론을 거쳤을 것이다. 레오 14세 교황은 인내심을 갖고 이런 민감한 영역을 진정시킬 수 있는 길을 찾아가야 한다.

---

31 아프리카와 마다가스카르 주교회의연합회는 프랑스어로 'Symposium des conférences épiscopales d'Afrique et de Madagascar'이며, 약어는 'SCEAM'이다.

윤리 문제에 대한 대응

사회 과학의 발전과 더불어 윤리 문제가 폭발적으로 증가하고 있다. 예를 들어, 낙태와 안락사 문제에서는 어느 정도 합의를 이루지만, 연명치료 중단PMA[32]이나 동성혼 문제에는 이견과 불일치를 보이기도 한다. 생명과 성, 가정과 기술 같은 오늘날의 윤리 문제는 전통적인 윤리 기준과 가치관을 혼란스럽게 한다.

전통적으로 윤리 문제는 교회가 공식적으로 목소리를 내는 하나의 창구였다. 그러나 윤리 문제에 대한 교회의 목소리가 언제나 환영받았던 것은 아니다.

프란치스코 교황은 가톨릭 교리에 충실하면서도, 때로는 다듬어지지 않은 거친 표현을 사용해 세상을 놀라게 했다. 2024년 9월 벨기에 순방 중에 했던 발언처럼 말이다.

"제 표현에 먼저 양해를 구하겠습니다. 낙태 시술을 실행하는 의사는 청부 살인업자입니다."

이 발언 당시 교황은 보다 사목적이며, 자비롭고 인간적인 접근

---

[32] 연명치료중단은 'Pre-Mortem Assessment'의 약어인 'PMA'로도 불린다. 이는 현대 의학으로 회복 불가능한 환자가 존엄하게 죽음을 맞이하도록 당사자나 가족의 의사에 따라 무의미한 연명치료를 중단할지 여부를 사전에 결정하는 제도이다. 이 제도는 환자의 죽음을 앞당기는 것이 아니라, 환자의 고통을 줄여 남은 삶의 질과 품위를 높이고 거룩한 삶의 마무리를 준비하도록 돕는다.

방식을 택했다. 또 안락사를 '치료가 아닌 죽음의 행위'로 규정하며 단호하게 반대했다. 하지만 인간 존엄성과 거룩한 죽음을 자연스럽게 맞이하는 완화 치료의 중요성을 힘주어 강조했다.

한 생명이 태어나 죽음에 이르기까지 다양한 윤리 문제와 만나게 된다. 오늘날 윤리 문제에 접근하는 방식 역시 상당히 복잡하다. 낙태와 안락사 문제가 두 가지 주요 쟁점이지만 배아 연구, 그리고 인공 수정과 체외 수정 같은 의료 보조 생식기술, 유전자 조작, 성소수자 환대, 트랜스휴머니즘 등 아직 해결되지 못한 윤리 문제도 많다. 프란치스코 교황은 윤리 문제에 관한 가톨릭 교리를 뒤엎지는 않았다. 그러나 엄격한 비난과 단죄를 거부하며 동행과 식별의 문화를 선호했다. 그리고 윤리 문제에 대한 교회의 말투와 태도, 방법을 분명히 변화시켰다.

프란치스코 교황은 복음을 통해 자각한 윤리 문제의 식별 기준이 바로 양심이라고 말했다. 교회가 다소 경직되고 현대 사회와 단절된 것처럼 보이더라도, 평신도 신앙인들은 양심의 여러 측면에 관한 권위 있는 교회의 가르침을 기다렸을 것이다. 이처럼 복잡한 윤리 문제와 소통해야 하는 임무는 레오 14세 교황에게 어려운 도전 과제로 다가올 것이라 조심스럽게 예상해 본다.

일치와 통합의 구현

"하나가 되게 해 주십시오."(요한 17,21)와 같은 말씀처럼 '일치'와 '통합' 또한 레오 14세 교황에게 맡겨진 중요한 임무다. 신임 교황은 일치와 통합의 살아 있는 보증인이다. 하지만 교황 선출 과정에서 직면한 깊이 있는 반대 의견은 이번 콘클라베 이후 해결해야 할 과제가 많음을 시사한다.

오늘날 교회 내 일치와 통합은 교리와 문화, 전례, 지역별 차이에서 비롯되는 긴장과 갈등으로 심각한 어려움을 겪고 있다. 가톨릭교회는 모든 대륙에 걸쳐 14억 명이 넘는 신자를 보유하고 있다. 이러한 교회의 보편성은 풍요로움의 원천인 동시에 서로 다른 감수성을 수반한다. 몇 가지 구체적인 예를 들면 이렇다. 유럽에서는 성 윤리와 여성의 지위, 성직주의, 그리고 믿음의 상실을 둘러싼 논쟁이 한창이다. 반면 아프리카나 아시아의 경우 신앙생활은 활기차고 선교적으로 보이지만, 사회와 윤리 문제에서는 비교적 보수적인 편이다. 한편 라틴아메리카에서는 정치적 긴장과 사회적 대립으로 인해 참여와 비판 정신이 두드러지게 나타난다.

이처럼 '교회가 어떤 모습이어야 하는가?'에 대한 상반된 시각이 분명히 존재한다. 현지 사목 중인 추기경단과 주교단은 부인했지만, '진보주의자'와 '보수주의자' 사이에는 현실적이고 실제적인 차이가 존재하기 마련이다. 어떤 이들은 더 개방적이며 시노드적인 교회, 비난보다 동반하고 포용하는 교회를 희망한다. 반면 다른 이들은 전례와 교리, 윤리적 전통을 수호하며 현대의 발전에 비판적 태도를 취한다. 교회 내부의 이러한 이분법은 첨예한 형태로 각을 세울 때도 있었지만, 사실 항상 존재해 왔던 일이다.

그러나 프란치스코 교황 임기 동안 이를 둘러싼 갈등과 대립이 고조되었다. 이해를 돕기 위해 구체적인 예를 들어 보자. 아프리카 추기경단은 윤리 문제에 있어 엄격함을 표방한 반면, 독일 교회는 시노드 후속 조치 중 하나로 성직자가 평신도와 함께 교회를 운영해야 한다고 주장했다. 그러나 바티칸은 이러한 독일발 개혁주의적 열망을 중단시켰다.

앞서 언급했듯이, 트리엔트 공의회 방식의 고전적 미사 거행을 지지하는 전통주의자들과 평신도의 자발적 참여와 시노달리타스 정신을 선호하는 진보주의자들 사이의 논쟁은 어느새 돌이킬 수 없는 긴장과 대립 구도를 형성한다. 이는 마치 건널 수 없는 강이나 깊은 심연처럼 보일 수 있다. 어쩌면 레오 14세 교황은 교회 내 일치와 통합을 바라기 전에 우선 기존의 긴장과 갈등, 분열과 단절을 피하고 싶을지도 모른다.

전임 교황 역시 이 문제를 확실히 인식했다. 물론 교회 내의 일치와 통합이 반드시 획일성을 의미하는 것은 아니다. 오히려 가톨릭교회는 지역과 문화적 배경에서 비롯되는 다양한 모습을 존중하면서도, 보편적인 하나의 신앙을 중심으로 충분히 일치와 통합을 이룰 수 있다. 추기경단의 다양한 성향에도 불구하고 예상치 못하게 선출된 레오 14세 교황은 과거 어느 때보다 더 가톨릭교회의 일치와 통합을 구현해야 하는 막중한 과제를 안게 되었다. 이는 단순히 내부의 갈등을 봉합하는 것을 넘어, 교회의 풍부한 다양성 속에서 진정한 의미의 하나 됨을 목표로 삼아야 한다는 것을 의미한다.

11장

레오 14세의 여섯 가지 도전 과제

보편 교회의 수장이자 바티칸 시국의 국가원수인 교황의 영향력은 가톨릭교회 신자들에게만 국한되지 않는다. 교황의 사명은 전 세계의 주요 인사들뿐만 아니라, 사회적 약자들에게까지 뻗어 나가기 때문이다. 국제적 범위의 주요 현안들, 그리고 종교 간 대화 및 문화 교류는 교황의 순방과 바티칸을 방문하는 수많은 종교 및 정치 지도자들과의 만남을 통해서도 이루어진다. 이 문제들은 교회 내부의 사안들만큼이나 민감하기에 단호함과 외교적 수완을 동시에 요구한다.

이주민 환대

이주민 환대와 그들에 대한 헌신은 프란치스코 교황 임기 중 가장 일관된 예언자적 특징으로 꼽힌다. 그는 2013년 교황직 초반부터 이주민, 난민, 실향민 보호를 사목과 외교 활동의 최우선 과제로 삼았다. 아르헨티나의 이주민 가정의 아들인 호르헤 마리오 베르골료는 특별히 강제 이주 문제에 지속적으로 관심을 기울였다. 이는 인도주의적 쟁점이며 동시에 영성적, 윤리적 문제와도 맞닿아 있다고 생각했기 때문일 것이다.

교황으로 선출된 지 몇 달이 채 되지 않은 2013년 7월 무렵, 로마 밖 첫 번째 사도 방문 장소로 선택한 곳은 시칠리아 람페두사 섬이었다. 이 섬은 지중해를 건너 유럽으로 들어오려는 수많은 불법 이주민들이 목숨을 걸고 거쳐야 하는 상징적인 관문이기 때문이다. 프란치스코 교황은 '무관심의 세계화'를 규탄하며 바다에 빠져 죽어 가는 이주민들을 위하여 "함께 울어 주어야 한다."고 세상에 부르짖었다. 첫 사도 순방은 프란치스코 교황직의 방향성을 뚜렷하게 새겨 놓았다. 교황은 예전에 "모든 이주민은 얼굴과 사연, 이름을 가진 인격체다."라고 강조했다. 이는 가톨릭 신앙인이라면 누구나 이주민들을 환대하고 지키며, 용기를 북돋아 줌으로써 그들이 자연스럽게 사회에 통합될 수 있도록 심혈을 기울여 달라는 촉구였다. 프란치스코 교황에 따르면, 외국인과 이주민을 환대하는 것은 무엇보다 복음에 뿌리를 둔다. 이는 본질적인 차원에서의 그리스도교적 요청이며 초대라고 설명했다.

회칙 〈모든 형제들*Fratelli Tutti*〉(2020)은 이주민과 난민 문제에 많은 지면을 할애했다. 이를 통해 보편적 연대의 중요성을 거듭 강조했고, 민족주의와 국수주의 논리를 극복해야 한다고 말했다. 교황은 람페두사 섬 순방 외에도 이주민들에게 상징적인 여러 곳을 찾았다. 2016년 그리스 레스보스 섬 방문 때에는 세 명의 이슬람계 이주민 가정을 동반하고 로마 바티칸으로 돌아왔다. 이례적인 이 행보는 역대 교황들과 비교해 볼 때 매우 상징적이며, 이주민 문제를 인도주의적 차원을 넘어 인간적인 연대와 그리스도교적 사명으로 접근하려는 그의 분명한 의지를 보여 준다.

그러나 이주민 환대와 관련하여 전임 교황을 향한 비판이 가톨릭교회 안팎에서 제기되었다. 이에 대해 후임자 교황은 어떤 입장을 보일까? 유럽과 미국 신자들 일부는 "이주민은 위험이 아니라 도전 과제"라고 발언한 아르헨티나 교황이 순진하다고 비난했다. 그러나 아르헨티나 교황에게 이주민과 난민 문제는 단지 인도주의적 차원에서 이루어지는 담론이 아니었다. 이 도전 과제는 인간 존엄성에 대한 그리스도교의 핵심 메시지를 관통했기 때문이다. 그는 연설이나 담화를 통해 이주민 문제와 빈곤 문제, 생태계 문제, 세계적 불평등 문제를 하나로 연결했다. 그리고 이 문제의 원인이 무력 분쟁과 기후 위기, 경제 정의의 부재라고 분석했다. 결과적으로 문제의 원인을 뿌리째 뽑아야 한다고 강조했다.

기후 위기

전임 교황이 전 세계에 전한 또 다른 시급한 도전 과제는 기후 위기 문제였다. 그에게 생태학과 사회 정의, 그리고 그리스도교 신앙은 밀접하게 연결되어 있었다. 지구를 돌보는 것이 곧 가난한 사회적 약자들을 보살피고 하느님께 예배와 흠숭을 드리는 것을 뜻했기 때문이다. 프란치스코 교황의 생태계에 대한 애정과 헌신은 특유의 독창성과 고유성을 가졌다. 그 독창성이란 생태학을 인간과 사회라는 훨씬 더 포괄적이고 종합적인 시각과 연결한 점이다. 이른바 '통합적 생태학'은 자연환경부터 경제와 사회, 문화와 영성 분야의 모든 문제들을 아울렀다. 자연 파괴는 일반적으로 사회의 가장 취약한 계층에 대한 억압 및 착취와 함께 이루어졌기 때문이다. "모든 것은 연결되어 있다."고 교황이 단언한 이유가 바로 여기에 있었다.

자연 생태계에 대한 한결같은 관심과 노력은 2015년 5월에 발간된 회칙 〈찬미받으소서〉로 결실을 맺었다. 교황 회칙 전체를 생태계 문제에 할애한 것은 역대 교황들이 하지 않았던 이례적인 일이었다. 특히 국제 토론의 장에서 했던 프란치스코 교황의 발언에는 '특유의 활력'과 '항구적 약속'을 담겨 있었다. 이는 대중의 이목을 끌기에 충분했다.

〈찬미받으소서〉가 고발하는 대상은 무엇이었을까? 무한 소비와 즉각적인 이윤 추구에 기초한 경제 모델은 지구의 '무책임한 이용과 남용'을 초래했다. 교황은 기술을 윤리 문제와 따로 떼어 놓으려는, 이른바 '기술관료적 패러다임'을 규탄했다. 이러한 현실을 극복하고자 생활 습관의 급진적인 변화, 그리고 개인적·공동체적 차원에서의 생태적 회개를 요청했다.

프란치스코 교황은 그리스도인들과 더불어 '선한 의지를 가진 모든 이들'에게 이야기하는 환경운동가 같았다. "지구의 부르짖음과 가난한 이들의 부르짖음에 모두 귀 기울여 보십시오."라며 모든 이를 초대했기 때문이다. 기후 변화와 환경 파괴의 결과를 직접 느끼며 가장 큰 피해와 타격을 입는 이들이 바로 가난한 사회적 약자들이라는 점 또한 일관되게 강조했다.

이처럼 생태적 도전 과제를 해결하는 것이 이미 오늘날의 시급한 문제로 대두되었다. 그러나 기후 위기 문제는 교황 임기를 한참 넘어서 장기간에 걸쳐 진행되어야 할 문제라고 인식했던 것 같다. 다시 말해, 전임 교황은 국제 경제 권력을 상대화하고 쇄신하도록 이끄는 분야에 후임자 레오 14세 교황을 책임자로 앉힌 것이라 풀이할 수 있다. 전임 교황은 천연자원뿐 아니라 인간까지 일회용품처럼 취급하는, 소위 '버리는 문화'를 경계하라고 가르쳤고, 2015년 12월에 체결된 파리 기후 협약을 지지하고 응원했다. 프란치스코 교황은 기후 문제를 교회와 세상이 소통할 수 있는 대화의 장으로 만들었다.

한편, 2019년 10월에 개최된 아마존 시노드, 즉 세계주교대의원회의 범 아마존 특별회의는 삼림 벌채와 토착민의 권리 침해, 그리고 세계 기후 위기를 하나로 연결하는 생태 운동에 참여했다. 시노드 후속 사도적 권고 〈사랑하는 아마존*Querida Amazonia*〉을 통해 프란치스코 교황은 생명을 수호하고 천연자원을 보호하며, 토착 문화를 존중하고 지속 가능한 발전을 희망한다고 역설했다.

2023년 10월 프란치스코 교황은 급변하는 기후 위기 상황에 대처하기 위해 회칙 〈하느님을 찬양하여라〉를 발표했다. 이는 2015년에 반포된 회칙 〈찬미받으소서〉의 내용을 보완하고 현재의 상황을 반영한 것이다. 〈하느님을 찬양하여라〉에서 프란치스코 교황은 지구 온난화를 억제하기 위한 국제 사회의 무관심과 이에 대한 실천이 지연되고 있는 현실에 깊은 유감과 우려를 표명했다. 이 문서는 '시급한 생태적 회개'의 필요성을 재확인하고, 생태계는 사회 정의와 불가분의 관계라는 사실을 재천명했다. 전임 교황에게 환경 보호는 부수적 선택이 아니었다. 오히려 창조주 하느님께 대한 믿음의 본질적 측면이었다. 마찬가지로 환경을 위한 투쟁은 개인의 내적 변화를 수반하며, 이른바 '행복한' 절제를 독려했다. 기후 위기 극복을 위해 중요한 것은 일상 속 작은 행동과 순간의 선택일 것이다.

환경 문제는 '공동의 집이 불타고 있는' 현 상황에서 다른 종교나 영성 전통과 대화할 기회를 마련한다. 즉, 지구 보호는 모든 종교에 공통된 도전 과제로 다가온다는 이야기다. 하지만 전임 교황이 쏟은 생태계에 대한 노고와 헌신은 때때로 비판을 면치 못했다. 일각에서는 정치와 경제, 과학 분야의 논쟁에 굳이 교황이 개입한다고 질책했다. 또 어떤 이들은 교회가 오직 신앙과 윤리라는 고유 영역에만 집중해야 한다고 비판했다.

이 같은 비판에도 프란치스코 교황에게 생태학은 단순한 정치적 담론이 아니었다. 생태학은 모든 형태의 생명을 보호해야 한다는 그리스도교 메시지의 핵심과 맞닿아 있기 때문이다. 그러므로 기후 위기와 관련된 이 모든 상황은 예상치 못한 후임자 레오 14세 교황이 시급하게 마주하게 될 도전 과제로 보인다.

전방위 외교

생태 위기 문제가 프란치스코 교황의 외교 관계에 활력을 불어넣은 것은 사실이다. 그러나 이것이 바티칸과 아르헨티나 출신 교황이 개입한 유일한 분야는 아니었다. 그는 전 세계를 피로 물들이는 전쟁과 무력 분쟁에 반대하며 지속적으로 목소리를 냈다.

바티칸은 오래전부터 국제적 중재자임을 자처했다. 레오 14세 교황 역시 외교에 대한 고민을 하고 있을 것이다. 바티칸 시국이라는 작은 나라는 광범위한 외교 전략망을 보유하고 있다. 교황 대사가 파견된 나라는 180개 이상이며, 이 국가들은 교황청과 공식적인 관계를 유지하고 있다. 전방위적 외교 전략망을 잘 활용해 온 교황청은 인간 존엄성을 수호하고 평화를 지키며, 종교 간 대화를 촉진하는 데 힘쓰고 있다.

전임 교황 임기 동안 전방위 외교가 활발하게 이루어졌다. 긴장감 넘치는 상황 속에서도 교황은 각국의 국민들과 지도자들을 직접 만났다. 프란치스코 교황의 전방위 외교 전략에 관한 몇 가지 사례를 정리해 보면, 2014년 쿠바와 미국 간의 화해, 2016년 콜롬비아 정부와 콜롬비아 무장혁명군FARC[33] 간의 협정 체결 등이 있

---

33 '콜롬비아 무장혁명군'의 프랑스어는 'Forces armées révolutionnaires de Colombie'이며, 약어는 'FARC'이다.

었다. 우크라이나와 시리아, 아프리카 등지에서 발생한 무력 분쟁 상황에서도 교황은 거듭 평화를 호소했다. 전쟁과 무기 거래는 명백하게 규탄했다. 전임 프란치스코 교황은 분쟁을 비판하면서도 러시아 모스크바와의 접촉을 단절하지 않았다. 신임 레오 14세 교황은 2022년 러시아 침공 이후 우크라이나의 운명에 대해 깊은 유감을 표명하지 않을까?

한편, 바티칸의 외교 활동을 파악하려면 지구를 한 바퀴 돌아야 할 만큼 그 폭이 넓다. 그중에서도 특히 중요한 사안들을 언급하자면, 2018년 지하 교회와 애국 교회 간의 분열을 타개하고자 진행된 중국과 바티칸 사이의 가톨릭 주교 공동 임명에 관한 역사적 합의를 언급할 수 있다. 중대하면서도 극도로 민감한 외교 문제로 알려진 이 중국 교회 문제는 아쉽게도 만장일치에 이르지 못했다.

수년간 '중동의 화약고'로 여겨진 문제는 교황청 측에서 볼 때 최우선 외교 쟁점일 수 있다. 사태의 심각성과 중요성은 오늘날까지도 지속되었다. 프란치스코 교황은 이스라엘 성지와 그곳의 평화를 쉼 없이 부르짖었다. 2021년 이라크에서 이루어진 교황 사도 순방은 역사적으로 큰 의미가 있었다. 전임 교황은 이라크 북부 도시 모술Mossoul을 방문하여 박해받는 현지 그리스도인들에 대한 지원을 약속했고, 종교 간 공존도 촉구했다.

한편, 프란치스코 교황은 국제연합UN에서 두 차례 연설하며 각 나라의 대표단을 증인으로 세웠다. 이때 팬데믹과 빈곤, 기후 변화, 전쟁 같은 전 세계적 도전 과제 앞에 힘을 합치는 것이 그 어느 때보다 절실하고 시급한 외교 문제의 해법이라고 역설했다. 가톨릭교회의 전임 수장은 인류 공동체의 공동선을 위하여 전 세계를 윤리적 방식으로 이끌어야 한다고 연설했다.

그 후 2025년 4월 26일, 프란치스코 교황의 장례식에 130여 명의 각국 대표단과 50여 명의 국가 정상들이 로마 바티칸을 방문했다. 이처럼 전방위 외교를 통해 탄탄하게 구축한 바티칸의 국제적 위상은 더 이상 논란의 여지가 없다.

많은 국제 인사들과 영향력 있는 인물들이 레오 14세 교황의 임기 초반 여러 전례 예식에 참석했다. 그들은 조만간 새로운 교회의 수장을 예방하러 이곳 바티칸으로 돌아올 것이다.

이슬람과의 대화

2013년 프란치스코 교황의 선출 이후, 가톨릭교회와 이슬람 간의 대화는 새로운 국면으로 접어들었다. 여러 국가에서 이미 도구처럼 전락해 버린 종교는 실제로 분쟁과 폭력의 한가운데에 서 있었다. 인류 공동체를 위한 형제애의 수호자이자 평화의 사도로 활동했던 전임 교황은 말뿐인 평화에 만족하지 않았다. 오히려 행동으로 자신의 메시지를 입증했다. 교황 임기 내내 이루고자 했던 '상호 존중'과 '우정의 연대'가 바로 그 증거이다.

2016년, 수니파 이슬람의 최고 종교 지도자인 이집트 알아즈하르의 대大이맘 아흐메드 알타예브imam d'Al-Azhar Ahmed al-Tayeb와의 역사적 회동은 가톨릭과 이슬람 간 대화에서 기념비가 될 만한 순간으로 기록된다. 바티칸에서 진행된 이 만남은 오랫동안 단절되었던 두 종교 간 소통과 교류를 재개한 것이다. 또한 온건파 이슬람의 주요 중심지인 수니파 알아즈하르대학교와 공식적인 대화 창구를 다시 열게 되었음을 의미했다. 이 역사적인 회동에 대한 감사의 표시로, 교황은 2017년에 이집트를 방문했다. 그 기회에 종교를 빙자하여 자행되는 모든 형태의 폭력을 거부하고 관용에 입각한 교육을 장려해야 한다는 내용의 감동적인 연설을 했고, 이는 큰 호평을 받았다. 2019년 2월 4일, 아랍에미리트 수도 아부다비 Abou Dhabi에서 인류 형제애에 관한 문서[34]에 알아즈하르의 대大이맘과 가톨릭교회의 수장이 공동으로 서명했다. 이로써 국가 간 평화와 종교 간 공존을 굳게 약속하며, 그 어떤 형태라도 폭력을 종교적으로 정당화하는 것을 거부한다는 의사를 명확히 밝혔다. 유

---

34 2019년 2월 4일에 발표된 '인류 형제애에 관한 문서'는 '아부다비 선언'이나 '아부다비 협정'으로도 불린다.

엔의 후원으로 매년 2월 4일로 지정된 국제 인류 형제애의 날 행사를 여는 자리에서 프란치스코 교황의 문장이 봉독되었다.

"신앙은 믿는 이가 다른 사람을 도와주고 사랑해야 하는 형제자매로 볼 수 있도록 이끌어 줍니다."

이슬람과의 종교 간 대화에서 중요한 사건이 한 가지 더 있다. 2021년, 전임 교황은 폭력과 전쟁으로 상처 입은 이라크를 방문했다. 시아파 이슬람의 종교 지도자인 대大아야톨라 알리 알 시스타니ayatollah Ali al-Sistani와의 회동은 교황의 사도 순방 가운데 또 하나의 역사적 사건으로 기억된다. 이 만남은 시아파 이슬람과의 대화에서 유의미한 진전과 결실을 보았다.

예상치 못한 후임자 레오 14세 교황은 전임자가 시작한 인류 형제애의 길을 심화시켜야 할 것이다. 이슬람과 그리스도교 간의 대화는 확실히 예언자적 기질을 타고난 아르헨티나 교황의 열매이다. 중동 지역 공동체의 반발로 촉발될지 모르는 폭력을 감수하더라도, 지금과 같이 앞으로도 구체적이며 지속적인 종교 간 대화가 이루어져야 한다. 2025년 콘클라베 사전 회의 및 전체 토론 자리에서 이슬람과의 대화 문제는 심도 깊은 핵심 의제 중 하나로 논의되었을 것이다.

다양한 정교회 혹은 정통성의 다양화[35]

1054년 동서교회 분열로 갈라져 있던 가톨릭교회와 정교회 간 대화는 20세기, 보다 구체적으로는 제2차 바티칸 공의회 이후 한층 더 깊어졌다. 프란치스코 교황은 2013년 즉위 이후 형제애와 소박함, 상호 존중을 바탕으로 한 개인적인 만남을 통해 동서교회 관계를 지속적으로 심화시켰다. 오랜 세월 깊이 뿌리박힌 교리적 차이와 지정학적 어려움에도 불구하고, 가톨릭교회와 정교회는 지난 10여 년간 관계 개선에 있어 상당히 의미 있는 진전을 이루었다. 전임 교황은 교황직을 교회일치운동œcuménique의 연장선에 놓았다. 하지만 엄격하고 심각한 신학적 담론으로 대화를 풀어가기보다, 사목적이며 형제적인 측면에 강조점을 두었다. 예를 들어, 콘스탄티노플 정교회 바르톨로메오 1세Bartholomée Ier 세계 총대주교, 예루살렘 정교회 테오필로 3세Theophile III 총대주교, 모스크바 정교회 키릴Cyrille 총대주교를 비롯해 정교회의 다양한 수장들과 탄탄하고 깊은 유대 관계를 맺었다. 다양한 정교회에서 '동등한 지위 가운데 첫 번째'인 바르톨로메오 1세 세계 총대주교와의

---

[35] 프랑스어 'La diversité orthodoxe'는 두 가지로 번역할 수 있다. 문맥상 '다양한 정교회'라는 의미와 '정통성의 다양화'라는 의미 모두 가능하다. 번역의 맛을 살리고자 우리말로 두 가지 뜻을 모두 소개한다.

관계는 대단히 풍성한 결실을 거두었다. 그중에서도 2014년 예루살렘 공동 성지순례는 매우 뜻깊고 역사적인 자리였다. 1964년에 성사된 바오로 6세 성인 교황과 콘스탄티노플의 아테나고라스 1세Athénagoras Ier 세계 총대주교의 만남을 기념하는 50주년이 되는 해였기 때문이었다. 이때 프란치스코 교황과 세계 총대주교 바르톨로메오 1세는 '공동의 집'인 지구를 지키고 환경을 보호하는 사명에 헌신하기로 약속했다. 또 이주민 환대에 대한 공통된 관심도 표명했다. 2016년 그리스 레스보스 섬에서 지중해 난민과 이주민에 대한 우려와 의지를 함께 공유한 이유였다.

게다가 프란치스코 교황은 2016년 2월 쿠바에서 러시아 모스크바 키릴 총대주교를 만난 첫 번째 교황이었다. 두 분의 공동 선언문은 생명과 가정, 그리고 박해받는 그리스도인들을 보호하는 한편, 역사적 긴장과 대립을 극복하라고 촉구했다. 그럼에도 불구하고 우크라이나 전쟁, 러시아 정교회와 정부 당국의 관계, 모스크바와 콘스탄티노플 간 정교회 내부 갈등 등으로 최근에는 실질적인 관계 진척을 이루지 못하고 있다. 그러므로 그리스도교 전통에서 정통성의 다양화를 재확인하는 다양한 정교회와의 대화 창구야말로, 레오 14세 교황 특유의 섬세한 외교 전략으로 다루어야 할 도전 과제라고 할 수 있다.

유다교와 반유다주의

가톨릭교회와 유다교의 관계는 20세기, 특히 제2차 바티칸 공의회(1962-1965) 이후 역사적인 변화를 겪었다. 1965년 공의회 선언문 〈비그리스도교와 교회의 관계에 대한 선언*Nostra Aetate*〉은 유다인과 그리스도인 사이의 영적 유대를 인정하였고, 이를 토대로 양측은 화해 관계로 들어섰다. 역대 교황들부터 프란치스코 교황에 이르기까지 두 종교 간의 화해 관계는 지속되고 심화되어 왔다. 전임 교황은 유다교와의 관계성에 형제다운 면모를 또렷하게 부여했다.

1986년, 요한 바오로 2세 성인 교황은 교황 역사상 처음으로 로마의 유다교 회당을 방문했고, 유다인을 그리스도교의 '신앙의 맏형'이라고 인정했다. 2000년, 교황은 이스라엘 예루살렘 성지인 통곡의 벽을 찾아 유다인들에게 저지른 그리스도인들의 잘못을 용서해 달라는 메모도 남겼다. 베네딕토 16세 교황의 경우, 유다인의 개종을 위한 기도를 두고 약간의 긴강감이 있었지만 두 종교 간의 대화는 요한 바오로 2세 성인 교황때처럼 아무런 문제 없이 계속되었다.

프란치스코 교황은 유다교와의 대화를 가장 개인적이고 지속적인 과제 중 하나로 여겼다. 유다교 공동체와의 친밀한 관계는 아르헨티나 대주교 시절로 거슬러 올라간다. 부에노스아이레스 대주교로 봉사하던 시절, 라삐 아브라함 스코르카Abraham Skorka 와 깊은 우정을 쌓고 함께 책을 집필했으며, 종교 간 대화를 위한 회의에도 참석했다. 전임 교황은 "그리스도인은 반유다주의자 antisémite가 될 수 없습니다. 우리의 뿌리는 유다인이기 때문입니다."라고까지 말했다. 프란치스코 교황은 두 분의 전임 교황, 즉 요한 바오로 2세 성인 교황과 베네딕토 16세 교황의 뒤를 이어 2016년 1월에 로마 유다교 회당을 방문했다.

또한 프란치스코 교황은 2014년에 라삐 아브라함 스코르카, 이슬람 이맘과 함께 예루살렘 통곡의 벽을 찾았다. 2016년에는 독일 아우슈비츠 강제수용소도 방문했다.

이처럼 호소력 짙은 광폭 행보는 유다인과 그리스도인 사이의 우정을 돈독하게 만들었다. 반면 최근 구유럽 지역에서 반유다주의antisémitisme의 망령과 극우파의 정치 선동이 되살아나고 있다. 이는 예상치 못한 후임자 레오 14세 교황이 깊이 고민하고 해결해야 할 중대한 도전 과제가 될 것이다.

12장

새 교황의 온유한 카리스마

　레오 14세 교황은 예상치 못한 인물이었다. 하지만 그의 행보는 확실히 전임자인 베르골료 교황과 같은 계통으로 보였다. 새 교황은 성 베드로 대성전 발코니에 처음 등장했을 때부터 아르헨티나 출신 전임 교황을 추모했고, 추기경단과 함께 집전한 교황 선출 감사 미사 때도 그를 추모했다.

　레오 14세 교황의 첫 모습만으로 앞으로의 행보를 판단하는 것은 위험할 수도 있다. 하지만 새 교황의 사목 방식이 벌써 희미하게나마 눈앞에 그려진다. 이미 작은 변화들도 감지되고 있다.

　새 교황의 한 지인은 "로버트는 행동하기 전에 생각하고, 말하기 전에 먼저 경청하곤 해요."라고 털어놓은 적이 있다. 상냥한 지성인처럼 보이는 레오 14세 교황에게서는 확고함과 온유함이 함께 깃든 열정과 헌신이 느껴진다. 폭풍우 한가운데를 헤치고 걸어가야 하는 상황에서도 그러할 것이다.

전임 프란치스코 교황은 당시 프레보스트 추기경을 교황청 주교부 장관직에 임명했다. 교황이 되기 전에도 프레보스트 추기경은 높은 자리를 찾지 않고, 오직 교회를 위해 자신을 바쳐 봉사하고자 했다. 주교부 장관직은 초인적인 힘을 발휘해야 하는 자리와 다름없었지만, 두려워하지 않고 주어진 임무를 묵묵히 수행했다.

신중하고 다소 내성적이며 수줍음이 있어 보이는 성 아우구스티노 수도회 출신 교황은 순명 서약이 무엇을 의미하는지 잘 알고 있었다. 덕분에 레오 14세 교황은 새롭게 주어진 교황직이라는 직책과 사명에도 모든 것을 내어놓고 헌신적으로 봉사할 것이다. 새 교황은 주변 사람들의 시선에 크게 개의치 않을 만큼 자신감이 있으며, 확신에 찬 인물이다. 그래서 하나하나 따져가며 판단하기를 좋아하는 이들에게도 딱히 가타부타할 만한 것이 없는 인물이다.

2025년 5월 8일 신임 교황 선출 당일 저녁, 새 교황은 베네딕토 16세 교황과 역대 교황들처럼 빨간색 모제타를 걸쳤다. 기존 전례 예식 전통을 따르는 자세는 곧 교황직을 수행하며 봉사하는 방식과 일맥상통할 것이다. 레오 14세 교황은 선출 직후 로마의 군중 앞에 그리 오래 서 있지 않았다. 아마도 이 축복의 시간을 만끽하려 하지 않았기 때문일 것이다. 33일이라는 짧은 시간 동안 교황직에 몸담았던 '미소의 교황' 요한 바오로 1세 복자 교황의 분위기가 레오 14세 교황에게서 물씬 풍긴다. 그리고 '하느님의 육상 선수'라는 별명으로 불렸던 요한 바오로 2세 성인 교황의 모습도 어느 정도 엿볼 수 있다. 레오 14세 교황의 눈가에 반짝거리는 눈물이 맺혔는데, 아마도 눈앞의 군중을 보고 놀랐던 것 같았다. 새 교황은 서둘러 자리를 옮겼지만 마치 당신이 원래 있어야 할 곳에 있는 듯한 인상을 주었다.

이것이 바로 레오 14세 교황을 이해하기 위한 첫 번째 열쇠이다. 특유의 우직함 덕분에, 교회의 심장이라 불리는 바티칸의 국가원수로 충분해 보인다. 차분하게 미소 지으며 여러 나라 말을 구사하는 교황은 다양한 문화를 유산으로 받았다. 게다가 2천 년 역사를 자랑하는 교회라는 보물에 탁월한 감각과 통찰력을 지닌 인물이다. 모제타를 입은 모습을 보면 성직자다운 면모가 강할 것 같지만, 그분의 미소와 추기경단이 증언하는 그분의 심성은 형제애에 넘치는 분임을 어렵지 않게 알아차리게 한다.

레오 14세 교황이 페루 주교로 있을 때, 사목 방문을 위해 그는 클러지 셔츠Clergy Shirts 차림으로 말 위에 올라 안데스산맥에 자리 잡은 마을 방방곡곡을 다녔다. 사회관계망서비스에 유포된 당시

사진은 그분의 또 다른 면모를 담아 냈다.

교황 선출 직후 로마의 군중 앞에서 할 연설문을 신중하게 고민한 끝에, 단출해 보이지만 심혈을 기울인 문장 몇 가지를 준비했다. 겉으로 보이는 교황의 우직함은 그분의 말씀에서도 여실히 드러난다. 화려함이나 강렬함이 없기에 더욱 돋보이는 그런 우직함이다. 레오 14세 교황이 이야기하는 방식은, 때로는 날카롭고 종종 부자연스러우며 이따금 도발적인 문장도 서슴없이 구사했던 프란치스코 교황의 방식과 차이가 난다.

레오 14세 교황의 우직함은 평화를 지향한다. 이것은 무력 분쟁 지역에 필요한 평화, 아르헨티나 출신 교황이 여러 차례 유감을 표명했고, 후임 교황은 아직 명확하게 언급하지 않은 그런 평화만 뜻하는 것이 아니다. 가톨릭교회 한가운데에 필요한 모든 평화를 포함한다.

레오 14세 교황은 온유함을 지닌 인물이다. 하지만 이것은 그분의 교황직이 어떻게 흘러갈지 예측하는 데 어려움을 주기도 한다. 신임 교황은 우파일까, 좌파일까? 개혁가일까, 보수주의자일까? 신임 교황은 기존 틀을 깨더라도 전임 교황의 방식이 아닌, 교회 내 다양한 감수성과 적절히 대화를 나누는 방식을 택할 것이다. 그렇다면 이 온유함이야말로 레오 14세 교황이 걸어갈 여정에서 교회 내 일치와 통합을 구현하기 위한 마중물이 될 것이다. 이를 위해 레오 14세 교황은 자신을 교육자로 여기며 그리스도교의 본질을 되짚었다. 제2차 바티칸 공의회가 그러했던 것처럼 말이다. 2025년 5월 10일 토요일, 교황 선출 이틀 뒤 추기경단과의 만남에서 바티칸 공의회를 두 차례나 언급하고 강조한 것이 좋은 예가 될 것이다.

새 교황은 윤리 문제와 성사 집행, 본당 운영과 성소자 발굴, 평신도의 역할과 성직자의 미래 등 교회의 제반 사항과 현안들에 어떤 초석을 놓을까?

새 교황이 처리해야 할 임무와 도전 과제들이 많다. 하지만 69세의 새 교황은 조급해 보이지 않으며 구체적인 계획을 섣불리 제시하지도 않았다. 과거 여러 차례 많은 문제를 신중함과 세심함으로 해결한 것을 떠올려 본다면, 그분은 충분한 시간을 가질 것이다. 뜸이 잘 들어야 밥맛이 좋아지는 것처럼 말이다.

이와 같은 문제 해결 방식에 비추어 볼 때, 신임 교황은 교회의 보물, 곧 신앙의 유산을 지키는 수호자로 자리매김할 것이다. 2012년에 개막된 새로운 복음화를 위한 시노드 중에도 '복음과 모순되는 신념과 관행에 대하여 일반 대중에게 엄청난 동정심을 불러일으키는 언론 매체'를 향해 매우 거친 표현을 쏟아 냈다. "이를테면, 낙태 문제와 동성애적 생활 방식, 그리고 안락사 문제 등을 거론할 수 있겠습니다."라며 비판 수위를 높였다. 마찬가지로 교황청 주교부 장관 시절 세 명의 여성 위원들과 협업한 경험이 있지만, 프레보스트 추기경은 프란치스코 교황을 포함한 전임 교황들처럼 여성 부제직에 대한 가능성을 단호하게 배제했다. 이는 부정적인 의미의 성직주의로 흘러갈 위험성이 있기 때문이다.

한편 프란치스코 교황은 비정상적 상황에 놓인 커플과 동성 커플에 대한 축복을 허용한 바 있다. 선언문 〈간청하는 믿음〉(2023)이 말하는 이 축복 허용은 전 세계에 파장을 일으켰고, 급기야 많은 지역 교회의 주교회의는 이 문제로 갑론을박했다. 그러나 이 축복 허용에 대한 유효성 여부를 신중하게 검증하자는 안건이 당시 교황청 주교부 장관 프레보스트 추기경에 의해 승인되었고, 거센 풍파는 가라앉았다.

마지막으로 전임 주교부 장관은 교황청 국무원 총리 파롤린 추기경, 그리고 교황청 신앙교리부 장관 빅토르 마누엘 페르난데스 Víctor Manuel Fernández 추기경과 함께 독일 교회 개혁주의자들의 과열된 열망에 제동을 걸었다. 이런 점에서 레오 14세 교황은 어쩌면 보수주의자에 조금 더 가까울지도 모른다. 프란치스코 교황의 사목적 결정을 되짚어 본다는 것은 그분이 애써 가라앉히고자 한 교회 내 긴장과 갈등에 다시 불을 댕길 수도 있는 일이다. 프란치스코 교황보다는 베네딕토 16세 교황에 조금 더 가까워 보이는 레오 14세 교황은 가톨릭교회 교리에 충실하고 온유함의 시각을 견지하면서도 잠시 멈추어 고민할 것이다.

신중한 교회법 박사인 새 교황은 교회 내 분열을 완화하기 위한 업무와 과제가 산적해 있다는 사실에 그리 놀라지 않을 것이다. 이 모든 것에도 불구하고, 레오 14세 교황은 사목자다. 베르골료 전임 교황이 주창主唱한 시노달리타스 정신의 열렬한 지지자, 즉 불굴의 의지와 헌신으로 경청과 대화에 임하는 사람이 바로, 레오 14세 교황이다.

2023년 9월 20일, 당시 교황청 주교부 장관이던 프레보스트 추기경은 이렇게 말했다.

"모든 이에게 경청할 줄 아는 시노드적 교회가 된다는 것은 개인적으로 신앙을 살아가는 것과 더불어 진정한 그리스도교적 형제애 안에서 성장하는 길입니다."

시노달리타스에 관한 시노드 개막 며칠 전, 프란치스코 교황이 프레보스트 대주교를 추기경으로 승품한 것은 아무런 의미가 없을까? 가톨릭교회 신자들과 자주 대화를 나누고자 했던 전임 교황은 "시노달리타스는 교회 내 양극화에 대한 처방전 및 묘약이 될 것입니다."라고 언급했다. 새 시대의 교황, 레오 14세는 소통을 중요시하는 현대 사회와 이미 세계화되어 버린 교회 간의 대화 공간 및 소통 창구를 마련하기 위해 조만간 시노드를 소집할지도 모른다. 레오 14세 교황은 "사랑이 없으면 아무것도 아닙니다."라는 히포의 아우구스티노 성인의 가르침을 잊지 않았다. 전임 교황에게서뿐 아니라 가장 가난한 이들과 사회적 약자들 곁에서 생활했던 당신의 사목 경험을 바탕으로 새 교황은 교회를 위해 필요한 교훈을 얻었기 때문이다.

마찬가지로 최초의 미국인 교황은 가톨릭교회 사회교리의 선구자인 레오 13세를 명시적으로 언급한 바 있다. 20세기의 도전 과제였던 산업 혁명은 21세기 들어 전 세계 수십억 명의 일상에 영향을 미치는 디지털 혁명과 겹쳐 보인다. 이 같은 연관성은 레오 14세 교황이 보다 큰 사회 정의와 위협받는 인간 존엄성 존중을 위해 더욱 헌신하며 걸어가리라는 점을 시사한다. 이 행보는 과연 어떤 형태로 이루어질까? 후임자 교황의 취임 연설문은 전임자 교황의 뒤를 이어, 그분의 직관을 오늘날에 맞게 갱신하려는 의도로 풀이될 수 있다.

예상치 못한 후임자 레오 14세 교황은 이주민 문제와 기후 위기 문제에 전임자 프란치스코 교황만큼 적극적으로 움직일까?

그분은 러시아와 우크라이나 전쟁이나, 이스라엘과 팔레스티나 간 무력 분쟁 상황에도 한마디 언급이 없었다. 이 같은 현안에 굉장히 민감하다고 알려져 있기는 하지만, 그렇다고 이를 입증할 명백한 증거 또한 존재하지 않는다. 다만 사회관계망서비스 X에 게시한 글을 통해 새 교황이 이민자 문제에 상당한 관심을 가지고 있다고 짐작할 뿐이다. 그분이 현안에 개입할 때는 확실하고 단호하게 말한다. 구체적인 예를 하나 들어 보자. 미국 부통령이 '출신 국가에 따른 그리스도교적 사랑의 위계'에 관해 언급한 적이 있다. 이를 풀어 보면, 그리스도인은 가족을 먼저 사랑해야 하고, 이웃이나 국가, 인류 공동체는 사랑의 순서에서 뒤처진다는 해석이다. 그런데 교황 선출 몇 달 전 프레보스트 추기경은 사회관계망 서비스 계정에 이런 내용을 올렸다.

"제임스 데이비드 밴스James David Vance는 틀렸습니다. 예수님께서는 이웃을 사랑하는 데 서열이나 계층, 순서를 매기라고 가르치지 않으셨기 때문입니다."

언젠가 두 미국인, 레오 14세 교황과 도널드 트럼프 대통령이 서로 대립할 것이라 예상해 볼 수 있는 대목이다. 미국 교회의 상당수가 트럼프의 지지자는 아닐지라도, 보수주의적 성향이 강하다는 사실은 누구나 알고 있다. 페루 선교사 출신인 미국인 교황은 자국 내의 거센 반대나 반발에 맞서야 할지도 모를 일이다.

마침내 교황직의 또 다른 면이 드러나고 있다. 교황직의 새로운 지평이 열리고 있다. 가톨릭교회의 새로운 수장이 추기경평의회와 함께 봉사할 수 있다는 점은 교회와 종교 생활에 소중한 교훈이다. 예상치 못한 후임자 레오 14세 교황은 자신에게 맡겨진 교황직의 임무와 사명에 매진하며 전적으로 봉사할 것이다. 동시에 전임자 프란치스코 교황이 설립한 추기경평의회와 발을 맞추어 한마음 한몸처럼 상호 연대와 협력을 일구어 나가야 한다. 신임 교황 선출을 위한 콘클라베와 총회가 대단원의 막을 내렸다. 이 기회를 통해 레오 14세 교황은 자신과 팀을 이루어 일할 추기경들을 조금 더 잘 알게 되었을 것이다.

너무 서두를 필요는 없다. 예상치 못한 후임자 레오 14세 교황은 단호함과 섬세함으로 고민할 시간을 충분히 가질 수 있다. 교황 취임 후 초반 계획이나 첫 사도 순방 일정은 아직 불투명한 상태다.[36] 그러나 신중함과 우직함, 평화와 온유함은 비록 눈부시지는 않더라도 안정감을 주며, 놀랍지는 않아도 담백함을 담아 낼 수 있다. 레오 14세 교황에게 무척이나 잘 어울리는 이 수식어는 그분의 교황직을 예견하는 것 같다.

그럼에도 불구하고 은총의 선물인 교황직이 과연 어떻게 흘러갈지 그 누구도 알 수 없다.

---

36 레오 14세 교황은 성 아우구스티노 수도회 총원장 시절에 우리나라를 다섯 차례(2002년, 2003년, 2005년, 2008년, 2010년) 방문했다. 2027년 서울 세계청년대회에 교황으로서 방문하게 되면, 여섯 번째 방문이 될 것이다.

교회가 걸어가야 할 길

2025년 5월 10일, 바티칸에서 추기경단에게 하신
레오 14세 교황의 연설문 발췌.

베드로 사도로부터 시작하여 그분의 부족한 후임자인 저에 이르기까지, 교황은 오직 하느님과 형제자매들의 겸손한 종일 뿐입니다. 그 외에는 아무것도 아닙니다. 선임 교황님들께서도 이 사실을 잘 보여 주셨고, 최근 프란치스코 교황님께서도 교황직이 무엇인지 몸소 보여 주셨습니다. 그분은 봉사직에 당신 자신을 온전히 바치셨고, 생활 속에서도 언제나 소박함을 잃지 않으셨습니다. 임기 중에는 하느님께 당신을 온전히 맡기셨고, 하느님 아버지의 집으로 돌아가시는 순간까지도 평온한 믿음을 간직하셨습니다. 전임 교황님의 이 소중한 유산을 물려받고, 믿음 안에서 자라나는 하나의 희망으로 활기를 되찾아 우리 모두 다시 이 길을 걸어갑시다.

우리 가운데 계신 부활하신 그리스도께서는 교회를 지키고 이끌어 주십니다. 그분은 '성령을 통하여 우리 마음에 부어 주신'(로마 5,5) 사랑으로 교회가 끊임없이 희망 안에서 되살아나게 해 주시는 분이십니다. 하느님께서는 천둥소리나 지진보다 '조용하고 부드러운 소리'(1열왕 19,12), 곧 '침묵 가운데 가녀린 음성'으로 우리와 소통하시며 당신을 드러내십니다. 이 점을 기억하면서 하느님의 음성과 말씀에 귀 기울이는 청자가 되는 것, 그리고 그분의 구원 계획을 충실히 전하는 사제가 되는 것이 우리에게 맡겨진 사명입니다. 이것이 바로 우리가 잊어서는 안 될 중요한 만남이며, 우리에게 맡겨진 거룩한 하느님 백성을 가르치며 동반해야 할 사명입니다.

지난 며칠 동안, 우리는 이 거대한 신앙 공동체의 아름다움과 저력을 보고 느낄 수 있었습니다. 가톨릭교회 구성원들은 애정과 헌신을 다해 우리 목자에게 작별 인사를 고하고 눈물을 흘렸습니다. 프란치스코 교황님께서 마침내 주님을 뵙는 그 순간까지 믿음과 기도로 동행했습니다. 이렇게 우리는 교회의 참된 위대함을 목격했습니다.

교회는 우리 영혼의 '목자이시며 보호자'(1베드 2,25)이신 그리스도를 머리로 하여, 하나로 연결된 다양한 지체들 안에서 살아갑니다. 교회는 우리를 낳아 준 '모태이며, 양 떼'(요한 21,15-17 참조)입니다. 교회는 우리가 보살피고 가꾸기 위해, 구원의 성사들로 우리를 살찌우기 위해, 그리고 하느님 말씀의 씨앗으로 열매를 맺도록 우리에게 주어진 밭(마르 4,1-20 참조)입니다. 광야에서 이스라엘 백성이 하느님께서 마련하신 구름 기둥과 불 기둥에 비추어 걸었던 것처럼(탈출 13,21 참조), 교회는 화합 안에 굳건하고 선교에 열정을 다해야 합니다.

이와 관련하여, 제2차 바티칸 공의회 이후 보편 교회가 수십 년 동안 걸어온 그 길을 오늘 우리도 온전히 따라 걷겠다는 약속을 새롭게 하려 합니다. 프란치스코 교황님께서는 사도적 권고 〈복음의 기쁨〉에서 제2차 바티칸 공의회의 내용을 재확인하고 현대에 맞게 현실화해 주셨습니다.

저는 그중 몇 가지 본질적인 요소를 짚어 보려 합니다. 바로 복음 선포의 핵심이 그리스도라는 점(11항 참조), 모든 그리스도교 신앙 공동체가 선교적 관점에서 회심해야 한다는 점(9항 참조), 주교단과 시노달리타스 정신 안에서 성장해야 한다는 점입니다(33항 참조). 또한 교우들의 신심(123항 참조)과 같은 가장 진정성 있고 포괄적인 신앙 감각에 예민해야 하며(119-120항 참조), 가장 작고 소외된 사회적 약자들에게 애정 어린 관심을 기울여야 합니다(53항 참조). 그리고 다양한 현실 속에서도 현대 사회와 더불어 용기와 신뢰로 대화해야 합니다(84항; 제2차 바티칸 공의회 〈사목 헌장 *Gaudium et Spes*〉, 1-2항 참조).

이것이 바로 하느님께서 생명과 활동에 언제나 활기를 불어넣고 영감을 주었던 복음적 원칙들입니다. 이 복음적 가치들을 통해 하느님 아버지의 자비로운 얼굴이 드러났습니다. 그리고 이것은 진리와 정의, 평화와 형제애를 진심으로 찾는 모든 이의 궁극적 희망, 바로 사람이 되신 성자 그리스도 안에서 계속 드러납니다(베네딕토 16세 교황의 회칙, 〈희망으로 구원된 우리 Spes Salvi〉, 2항; 프란치스코 교황의 2025년 정기 희년 선포 칙서, 〈희망은 우리를 부끄럽게 하지 않습니다 Spes Non Confundit〉, 3항 참조).

이러한 발자취를 따라 걸어가도록 부르심을 받았다고 느낀 저는 교황명을 레오 14세로 정했습니다. 물론 여러 가지 이유가 있겠지만, 가장 중요한 이유는 레오 13세 교황님께서 역사적 회칙 〈새로운 사태〉를 통해 제1차 산업 혁명이라는 맥락에서 사회 문제를 다루셨기 때문입니다. 오늘날 교회는 인간 존엄성, 정의와 노동의 가치를 수호하기 위해, 새로운 도전을 제기하는 또 다른 산업 혁명과 인공지능의 발전에 응답하며 모든 이에게 사회교리의 유산을 제시합니다.

친애하는 형제 추기경단 여러분, 첫 번째 만남을 마무리하며 저의 염원을 말씀드리고자 합니다. 여러분을 향한 제 제안이기도 한 이 염원은 1963년 바오로 6세 성인 교황님께서 베드로 사도의 후임자 직무를 시작하실 때 밝히신 말씀을 제 것으로 삼는 것입니다.

"선한 의지를 지닌 모든 이의 마음을 뜨겁게 달구는 믿음과 사랑의 불꽃이 온 세상을 불사르고, 서로 협력하는 길을 밝히며, 언제나 풍요로운 하느님의 은총과 권능이 다시 한 번 인류를 끌어당기기를 염원합니다. 하느님의 도우심이 없이는 그 어떤 것도 유효하지 않으며, 거룩하지 않기 때문입니다."(온 인류 가족에게 보내는 메시지, 〈희망에 찬 날에*Qui Fausto Die*〉, 1963년 6월 22일)

2025년 5월 10일
바티칸에서
레오 14세 교황

나가는 말

2025년 5월 8일 오후 6시 8분, 제267대 교황이 선출되자 로마 바티칸 성 베드로 광장은 기쁨의 환호로 가득 찼다.

가톨릭 신자들과 세상은 사랑과 존경의 마음으로 제267대 교황을 기다렸다. 그러나 가톨릭교회는 그 어느 때보다도 심각한 모순과 갈등, 시급한 쟁점들로 가득한 시기를 지나고 있다.

전 세계에서 가장 작은 나라인 44헥타르[37]의 바티칸 시국의 국가 원수이자 14억 가톨릭 신자들의 영적 지도자인 새 교황은 이러

---

37 44헥타르는 0.44km²로, 서울 경복궁 면적의 약 1.3배에 해당한다.

한 엄중한 시기에 교황직을 시작했다.

새 교황에게 맡겨질 중요한 과제 중 하나는 신앙인들을 다시 교회로 모으는 것이다. 유럽과 북미 등 구대륙에서는 종교 활동이 점차 쇠퇴하고 있기 때문이다. 하지만 2025년 4월 프랑스에서는 주님 부활 대축일 파스카 성야 미사를 통해 성인 세례자 수가 기적적으로 증가하는 놀라운 일이 일어났다. 이는 '길 잃고 방황하는 세대'가 삶의 의미를 찾기 위해 교회로 향하고 있으며, 교회는 여전히 그들에게 복음의 가치와 삶의 이정표를 제시해 줄 수 있다는 희망을 보여 준다.

2025년 콘클라베에서 벌어진 열띤 논의와 교회 내의 극심한 양극화 속에서, 레오 14세 교황은 일치와 통합을 이루기 위해 전폭적인 지지와 관심, 그리고 신중한 숙고를 필요로 할 것이다. 북반구와 남반구, 선교를 강조하는 이들과 세상 안에서 교회의 존재감을 드러내려는 이들, 화려한 로마 교회를 동경하는 이들과 교회가 세상 속에 묻혀 사라질 것을 걱정하는 활동가들, 그리고 보수주의자와 개혁주의자들 사이의 오랜 갈등은 여전히 해결되지 않고 있다. 과연 이 모든 대립은 어떻게 화해의 길로 나아갈 수 있을까?

레오 14세 교황이 임기 동안 극복해야 할 도전 과제와 해결해야 할 임무들은 이루 헤아릴 수 없을 만큼 많다. 이 사명에 얼마나 많은 시간을 쏟아부어야 하는지 그 누가 헤아릴 수 있겠는가? 요한 바오로 1세 복자 교황은 불과 33일 동안 재위했고, 요한 23세 성인 교황과 프란치스코 교황은 과도기적 교황으로 여겨졌다. 반면 요한 바오로 2세 성인 교황은 26년이 넘는 기간 동안 교황직을 수행했다. 제267대 베드로의 후계자인 레오 14세 교황의 임기는 과연 얼마나 될까?

공식 문서 발표, 사목 방문, 교황 알현, 순례객 접견, 언론 노출 등 교황이 짊어져야 할 책임과 부담은 막중하다. 그러나 예상치 못한 후임자인 레오 14세 교황은 매우 긍정적인 시기에 교황직을 시작했다. 그 첫 번째 징표는 부활 시기와 '희망의 순례자들'이라는 주제로 진행 중인 2025년 희망의 희년 중에 임기를 시작했다는 것이다.

레오 14세 교황의 이력

❖ **1955년 9월 14일**
미국 일리노이주 시카고에서 로버트 프랜시스 프레보스트 출생.

❖ **1977년**
성 아우구스티노 수도회 입회.

❖ **1981년 8월 29일**
종신 서원.

❖ **1982년 6월 19일**
로마에서 사제 서품.

❖ **1984년**
교황청립 성토마스아퀴나스대학교 안젤리쿰에서 교회법 석사 학위.

❖ **1985-1986년**
페루 피우라주 출루카나스 선교.

❖ **1987년**
논문《성 아우구스티노 수도회 지역 장상의 역할》로 교회법 박사 학위 취득.

❖ **1987년**
미국 일리노이주 올림피아 필즈에 있는 성 아우구스티노 수도회의 '착한 의견의 성모' 관구 성소와 선교 책임자.

❖ 1988년
페루 트루히요 선교지 파견, 수도회 공동체 원장(1988-1992),
양성 책임자(1988-1998), 유기 서원 책임자(1992-1998), 신학원 학장.

❖ 1999년
미국 일리노이주 시카고 '착한 의견의 성모' 관구장.

❖ 2001년
미국 일리노이주 시카고 성 아우구스티노 수도회 총원장(초임과 재임).

❖ 2013년 10월
미국 일리노이주 시카고 관구 양성 책임자 겸 관구장 대리 역임.

❖ 2014년 11월 3일
페루 치클라요교구장 서리.

❖ 2014년 12월 12일
과달루페의 복되신 동정 마리아 축일에 주교 수품.

❖ 2015년 9월 26일
페루 치클라요교구장 임명.

❖ 2018년 3월
페루 주교회의 부의장.

❖ 2023년 1월 30일
교황청 주교부 장관, 교황청 라틴아메리카 위원회 위원장.

❖ 2023년 9월 30일
프란치스코 교황에 의해 추기경 서임.

❖ 2025년 5월 8일
가톨릭교회 267대 교황으로 선출, 레오 14세 교황명 채택.

참고 문헌

- Loup Besmond de Senneville, 《*Vatican secret. Quatre années au cœur du plus petit État du monde*》, Stock, 2025.
- Michel Cool, 《*François, l'anticonformiste, 1936-2025*》, Éditions Emmanuel/Salvator, 2025.
- François, 《*Espère*》, Albin Michel, 2025.
- Yves Chiron, 《*Les dix conclaves qui ont marqué l'histoire*》, Perrin, 2024.
- Frédéric Mounier, 《*Le pape qui voulait changer l'Église*》, Presses du Châtelet, 2021.
- Christophe Henning, 《*Petite vie de Jean-Paul Ier*》, Artège, 2021.
- Bernard Lecomte, 《*Tous les secrets du Vatican*》, Perrin, 2019.
- Bernard Lecomte, 《*Dictionnaire amoureux des papes*》, Plon, 2016.
- Christophe Henning, 《*Petite vie de Paul VI*》, DDB, 2014.
- Michel Cool, 《*François. Pape du Nouveau Monde*》, Salvator/Yves Briend éditeur, 2013.
- Bernard Lecomte, 《*Histoire des papes de 1789 à nos jours*》, Tempus, 2013.
- Christophe Henning, 《*Petite vie de Jean-Paul II*》, DDB, 2005.

관련 누리집 목록

- www.vaticannews.va, service de presse du Vatican.
- www.vatican.va, site du Vatican.
- https://legrandcontinent.eu, site du Groupe d'études géopolitiques.
- www.la-croix.com, site du quotidien La Croix.

역자 후기

2025년 3월 1일부터 사제 안식년 및 교수 연구년을 지내고 있습니다. 마침 4월 중순 성주간부터 5월 말까지 프랑스에서 휴식과 충전의 시간을 보내고 있었지요. 10년 동안 유학생으로 살아온 프랑스 파리는 여전히 소중했고 아름다웠습니다. 그 와중에 동기 신부 두 명이 휴가를 내어 파리에 찾아왔지요. 우리 셋은 한국에 잘 알려지지 않은 프랑스와 벨기에 성모 발현지와 성모 성지, 즉 퐁맹과 샤르트르, 보랭과 반뇌 등지를 돌아다녔습니다. 성지순례 일주일 전 2025년 4월 21일에 프란치스코 교황님의 선종 소식을 이미 들은 상태였기 때문에, 성지순례 중 줄곧 전임 교황님을 추모하였지요. 그리고 성령의 이끄심으로 콘클라베가 무사히 치러지며, 오늘날 전 세계 교회 공동체와 인류공동체에 필요한 선한 목자를 보내 달라고 성모님께 간청했습니다. 성지순례를 마치고 파리로 돌아온 바로 그날, 프랑스 현지 방송에서 신임 교황 선출 소식을 알립니다. 정확히 그 시간에 파리 시내 모든 성당에서 종소리를 울렸습니다. 가톨릭교회의 새 수장의 탄생을 기뻐하며 환성을 올리는 듯했습니다. 몇 년에 걸친 복원을 마치고 재개방을 시작한 파리대교구 주교좌 노틀담 대성당의 우렁찬 종소리까지 들려왔지요. 하베무스 파팜!

2013년 콘클라베 때는 파리에서 박사 과정 중이었습니다. 2025년 콘클라베 직후 또 한 번 파리에서 레오 14세 교황 성하의 선출 소식을 듣게 된다니! 안식년 사제가 파리에서 할 수 있는 몇 가지 '사치'라고 하면, 서점에 들러 종일 신간 서적들을 읽어 보는 것, 그리고 유학 시절 머물렀던 프랑스 현지 생 쉴피스Saint Sulpice 성당에 고즈넉하게 앉아 기도하는 것뿐이었습니다. 신임 교황 선출 며칠 후, 5월 11일 무렵으로 기억하는데 제가 번역 작업을 맡게 된 바로 이 책《Léon XIV: Le successeur inattendu》가 서점에 신간으로 나와 있었지요. 당시 이 프랑스 원서를 구입할 겨를도 없이, 그 자리에 서서 속독으로 책을 읽었습니다. 그리고 몇 주 뒤, 가톨릭출판사로부터 본 도서의 번역 의뢰서를 받았지요. 우연이라고 하기에는 놀라운 일 같았습니다.

시대를 앞서가신 프란치스코 전임 교황님을 하느님 품으로 떠나보낸 슬픔이 채 가시기도 전에, 새 교황님을 우리에게 허락하신 하느님께 감사드립니다. 이 책을 번역하면서 저도 느꼈고, 독자분들도 느끼셨을 것 같습니다. 오늘날의 교회는 헤아릴 수 없이 많은 문제로 몸살을 앓고 있다는 사실 말이지요. 기후 위기, 이민자 환대, 동성 커플 포용, 외교 문제, 종교 간 대화, 윤리 문제 등등 셀 수 없을 정도이지요. 복잡하고 복합적인 시대상을 고려할 때, 바티칸의 국가원수이시며 가톨릭교회의 수장이신 교황님께 맡겨진 직무는 절대 가볍지 않을 것입니다. 예를 들어, 용어에서부터 누구는 '교황'이라 부르고, 또 누구는 '교종'이라 부르는 것만 봐도 교회 내 일치와 통합은 여전히 먼 이야기처럼 느껴집니다. 프랑스 속담에 '세 사람이 모이면 혁명을 한다.'라고 합니다. 우리 속담으로 치면 '사공이 많으면 배가 산으로 간다.' 정도겠지요. 다양한 감수성과 개성, 서로 다른 관심사를 가진 14억 명의 가톨릭 신자들, 그리고 그들로 이루어진 교회는 단순한 이익 집단이 아닙니다.

신약 성경에서 교회는 그리스도의 몸(로마 7,4; 1코린 10,16.17; 12,27; 에페 4,12; 콜로 2,17 참조), 그리스도의 아내(에페 5,25 참조), 하느님의 성전(1코린 2,16 참조), 살아 계신 하느님의 성전(2코린 6,16 참조), 하느님의 집(1티모 3,15 참조) 등으로 다양하게 묘사되지요. 다시 말해, 교회는 거룩하신 삼위일체 하느님과의 관계성에서 살아간다는 이야기입니다. 그러면 성령께서 교회 안에서 활동하신다는 증거였을까요? 최초의 미국인 교황님, 페루 선교사 출신 교황님, 성 아우구스티노 수도회 소속 교황님, 즉 예상치 못한 후임자 레오 14세 교황 성하의 앞날을 위해 우리 모두 마음을 모아 성부, 성자, 성령께 기도드려야 하겠습니다.

덧붙여, 이 책을 번역하면서 한국 독자들의 이해를 돕고자 30여 개의 역자주를 설명과 함께 곁들였습니다. 비록 프랑스 원서에는 없지만, 독자분들의 독서에 조금이나마 보탬이 되고자 옮긴이가 삽입한 내용이라는 점을 밝힙니다. 마지막으로 밋밋한 글에 날개를 달아 주시고 교정 및 교열 작업에 큰 도움을 주신 가톨릭 출판사 측에도 감사의 인사를 전합니다.